品性 : 미국 인성 교육

品性 : 미국 인성 교육

지은이 ㅣ 안주영
펴낸이 ㅣ 원성삼
책임편집 ㅣ 이보영
펴낸곳 ㅣ 예영커뮤니케이션
초판 1쇄 발행 ㅣ 2016년 6월 15일
등록일 ㅣ 1992년 3월 1일 제2-1349호
주소 ㅣ 136-825 서울시 성북구 성북로6가길 31
전화 ㅣ 02.766-8931
팩스 ㅣ 02.766-8934
홈페이지 ㅣ www.jeyoung.com

ISBN 978-89-8350-946-8 (04370)
      978-89-8350-944-4 (세트)

값 16,000원

이 도서의 국립중앙도서관 출판예정도서목록(CIP)은 서지정보유통지원시스템 홈페이지(http://seoji.nl.go.kr)와 국가자료공동목록시스템(http://www.nl.go.kr/kolisnet)에서 이용하실 수 있습니다.(CIP제어번호 : CIP2016011289)

 모든 인간은 하나님의 형상을 닮은 존엄한 존재입니다. 전 세계의 모든 사람들은 인종, 민족, 피부색, 문화, 언어에 관계없이 존귀합니다. 예영커뮤니케이션은 이러한 정신에 근거해 모든 인간이 존귀한 삶을 사는 데 필요한 지식과 문화를 예수 그리스도의 사랑으로 보급함으로써 우리가 속한 사회에 기여하고자 합니다.

왜, 무엇을, 어떻게 하는가?

品性 : 미국 인성 교육
Character Education

(사)한국품성교육협회
안주영 지음

"품성이
성공과 행복을
결정한다!"

유·초·중
교사와 학부모
지 침 서
학습자 편

예영커뮤니케이션

한국은 교육, 기술, 스포츠, 예술, 경제 등 거의 모든 영역에서 세계 최고의 수준에 와 있습니다. 지식과 기술은 학자와 전문인의 노력과 수고로 계속 축적되어 갑니다. 시간이 지날수록 지식과 기술은 점차 좋아질 수밖에 없습니다. 그러나 사람의 품성은 시간이 지난다고 해서 자연스럽게 축적되지 않습니다. 각자가 분명한 목적을 갖고 배우고 훈련하며 실천해야만 성장이 가능합니다.

우리나라의 지식 교육은 많은 발전을 했지만 인성 교육은 거의 후진국 수준에 머물러 있습니다. 오히려 지난 반세기 동안 많이 퇴보했다고 말하는 것이 정직한 고백일 것입니다. 오늘날 우리의 사회상과 특히 정치인들의 세계를 보면 반세기 전과 비교했을 때 전혀 나아진 것이 없습니다. 지식과 기술은 축적되어 우리는 더 좋은 옷과 더 좋은 자동차 그리고 집, 가구, 컴퓨터, 핸드폰을 소유하고 있고 세계 곳곳을 여행하며 살지만 품성은 그 물질 문명의 발전 속도를 전혀 따라가지 못합니다.

지난 몇십 년 동안 관심 있는 소수의 사람이 이 문제를 두고 고민을 많이 했습니다. 큰 변화는 없었으나 이 인성 교육 문제를 의식하기 시작했고 작은 노력이 우리 사회에 영향을 주면서 정부와 국회에서도 그 심각성을 절감하여 인성교육진흥법을 2015년 1월 20일에 제정했습니다. 그러나 법이 만들어졌다고 되는 일만은 아닙니다. 국민적 필요에 대한 인식이 넓어지면서 가정, 학교, 직장, 종교계 그리고 정부에서 정책적으로 프로그램을 만들어 한국인의 좋은 품성을 함께 계발해야 한다는 합의가 만들어져야 합니다.

그중에 안주영 박사의 노력이 한몫을 했습니다. 그는 미국에서 45년간 살면서 살벌해지는 미국 사회를 개선하고자 학계와 종교계에서 끊임없이 연구해 왔습니다. 그 노력의 일부분으로 한국에도 이를 도입하여 기업, 정부, 학교, 가정, 교회를 통해 전해 보려고 노력하였습니다. 안 박사는 품성 문제를 오랜 세월 가장 폭넓게 연구한 분일 것입니다. 안 박사의 마지막 노력을 총집결한 저서가 이번에 출간되는 『品性 : 미국 인성 교육』입니다. 지도자 편과 학습자 편으로 출간되어 학교나 가정, 기업과 정부기관 그리고 종교계에서도 구체적으로 인성 교육을 시도할 수 있게 되었습니다. 이 분야의 저서들이 최근에 소수 출판되어 왔지만 안 박사의 이번 저서는 제가 접해 본 책들 가운데 가장 포괄적이어서 인성 교육 전반에 걸친 해외 연구를 망라하고 있습니다. 이번 안 박사의 저서가 저에게 희망을 제시해 주고 우리나라의 미래에 좋은 영향을 줄 수 있으리라는 기대를 금할 수 없습니다. 인성을 의무교육화하기 위한 실용지침서가 우리 사회에 선한 영향을 끼치는 출발점이 될 것을 믿으며, 이 책을 추천합니다.

김상복

횃불트리니티대학원대학교 초대 및 4대 총장 역임
현 명예총장
할렐루야교회 원로목사

　　품성 계발과 교육에 반평생을 헌신해 오신 안주영 박사님의 『品性 : 미국 인성 교육』이 발간됨을 기쁘게 생각합니다. 저자는 품성 계발이 사회의 기본인 것을 일찍이 간파하고 품성 계발 교육의 태두가 되고 선구자가 되셨습니다.

　　좋은 품성이 개인의 최고 경쟁력입니다. 좋은 품성이 건강한 조직을 만듭니다. 좋은 품성이 내면화될수록 건강한 사회가 되고 선진국이 됩니다.

　　품성지수가 그 사회와 국가 수준을 결정하는 바로미터가 되기 때문입니다.

　　저는 좋은 품성이 성공과 행복의 열쇠이며 좋은 교육은 훌륭한 품성의 인격체를 배출하는 것이라 보고 품성 계발이 자녀들의 인성 교육에 최우선임을 강조한 저자의 의견에 공감합니다. 그래서 오늘날 교육의 추세는 상상력과 창의성 그리고 인성 계발이 중요한 방향이 되고 있는 것입니다.

　　문명지수가 높을수록 범죄지수가 높아집니다. 그것은 저자가 말한대로 품성이 결여된 교육은 지식 축적에 머무르기 때문입니다. 건강한 사회는 정직과 배려가 있고 자기통제가 되는 사회입니다.

　　이 책은 품성의 개념과 원리를 이야기할 뿐만 아니라 품성 교육에 대한 '왜?' '무엇을?' '어떻게?' Why? What? How to?를 구체적으로 제시하고 있습니다. 이 책을 통해 보편타당한 가치가 통하고 도덕적 덕목이 충만하여 갈등이 사라지며 더불어 사는 건강하고 아름다운 사회가 되기를 기대합니다. 이 책이 부부상담가, 청소년 상담교사, 상담 관련 종사자나 청소년 문제를 다루는 모든 분께 중요한 지침서가 될 것을 확신하며 강추합니다.

두상달

(사)한국기독실업인회 중앙회장
(사)가정문화원 이사장
(주)칠성산업 대표이사
(주)디케이 대표이사

멍청아, 문제는 품성이야!

베스트셀러 『정의란 무엇인가』의 저자 마이클 샌델 하버드대 교수, "21세기의 C.S.루이스"로 불리며 깊이 있는 기독교 저작물을 내놓고 있는 톰 라이트 영국 성공회 주교, 『하나님의 모략』의 저자 댈러스 윌라드 남가주대 교수, 이 3명의 지성에게 흐르는 공통 요소는 품성을 강조한다는 점이다.

최근 한국을 방문한 샌델 교수는 언론과의 인터뷰에서 품성의 중요성을 말했다. "교육을 많이 받으면 더 정의롭게 살 수 있는가. 아니면 교육보다는 인간의 품성이 더 중요하다고 보는가"라는 질문에 그는 주저없이 "품성"이라고 확답했다. 마치 "이 멍청아, 문제는 품성이야, 품성"이라고 말하는 듯하다. 과학과 기술에 대해 더 많이 안다고 정의감이 높아지는 것이 아니다. 철학과 예술, 역사, 인문학 등을 통해 품성이 높아졌을 때에 정의로운 삶을 살 가능성이 더 많아진다는 주장이다.

톰 라이트는 회심한 신자가 어떻게 사는 날 동안, 즉 회심 이후 천국에 들어가는 그 사이에 무엇을 통해 하나님의 형상을 드러내는 존재가 될 수 있을까에 대해 대답한다. 그의 대답은 샌델 교수와 같다. 바로 품성, 품성이다! 그는 이를 그리스도인의 미덕이라고 풀이했다.

그는 말한다. "당신이 믿은 뒤에 정말로 중요한 문제는 규율도 아니고 자발적인 자기 발전도 아니고 바로 품성이다." 성품이 개발될 때, 예배와 선교가 제2의 천성이 될 때, 자기를 십자가에 못 박는 "터닝Turning의 삶"을 살 수 있다는 것이다.

윌라드도 말한다. "오늘날 전 세계에는 그릇된 신화가 있습니다. 바로 제자가 되지 않고서도 신자일 수 있다는 신화입니다. 은혜를 받는다고 순종을 면제받는 것이 아닙니다. 은혜에 의해 올바른 순종이 시작될 수 있습니다."

우리 시대 최대 명제는 제자도를 회복하는 것으로 구원받은 이후 품성, 그리스도인의 미덕을 개발함으로써 제자도의 삶을 살 수 있다는 말이다.

돌아보니 품성을 개발하지 못한 신자로 인한 소란함이 도처에 있다. 명백한 회심, 확고한 내세관을 갖고 있어도 단련된 인격, 즉 그리스도인다운 품성이 결여될 때 문제는 반드시 발생한다. 사는 날 동안 하나님의 나라를 하늘에서처럼 땅에서도 출범시키는 역할을 감당하기 위해 필요한 것은 품성이다.

이태형

국민북스 대표
기록문화연구소장
『더 있다』 저자
(전) 국민일보 미션라이프부장

추천사 ··· 4

멍청아, 문제는 품성이야! ··································· 7

학습자 편 지침 ··· 13

학부모에게 보내는 편지(예문) ··························· 15

1장 품성은 인간관계의 필수 덕목

1. 개인을 전인격체로 봐야 한다 ························· 19

2. 소통은 행동과 인간 관계에 어떻게 영향을 주나? ················· 20

2장 품성의 기본 자세와 보편 덕목

1. 효과적인 인간 관계를 위한 세 가지 기본 태도 ················· 25

2. 기본 자세: 한국 사람에게 가장 부족한 태도 ················· 25

1) 경청: 산만함

경청의 정의와 나의 결심 | 경청 기술 테스트 | 경청 이야기 | 경청 칭찬하기

2) 순종: 옹고집

순종의 정의와 나의 결심 | 순종 이야기 | 순종 칭찬하기

3) 감사: 자기중심

감사의 정의와 나의 결심 | 감사 이야기 | 감사 칭찬하기

3장 월별 품성 교육 주제

3월 품성 주제: 존중_ *Respect* ·· 51

존중의 정의와 나의 결심 | 존중에 관한 토론과 질문 | 황금률 | 위인 이야기 | 존중 실행하기 | 지역 봉사 아이디어 | 존중에 관한 글 읽기(숙제): 어머니가 만들어 준 모자

4월 품성 주제: 책임_ *Responsibility* ································· 65

책임의 정의와 나의 결심 | 책임에 관한 토론과 질문 | 책임 스토리 | 황금률 | 위인 이야기 | 책임 실행하기 | 지역 봉사 아이디어 | 책임에 관한 글 읽기(숙제): 성 조오지와 드레곤

5월 품성 주제: 자애심_ *Compassion* ································· 79

자애심의 정의와 나의 결심 | 자애심에 관한 토론과 질문 | 자애심 스토리 | 황금률 | 위대한 스토리 | 자애심 실행하기 | 지역 봉사 아이디어 | 자애심에 관한 글 읽기(숙제): 부자왕 크레이소스

6월 품성 주제: 믿음_ *Faith* ··· 93

믿음의 정의와 나의 결심 | 믿음에 관한 토론과 질문 | 믿음 스토리 | 황금률 | 위인 이야기 | 믿음 실행하기 | 지역 봉사 아이디어 | 믿음에 관한 글 읽기(숙제): 욥의 이야기

7월 품성 주제: 헌신_ *Commitment* ······························· 105

헌신의 정의와 나의 결심 | 캐나다거위 이야기 | 헌신에 관한 토론과 질문 | 헌신 스토리 | 황금률 | 위인 이야기 | 헌신 실행하기 | 지역 봉사 아이디어 | 헌신에 관한 글 읽기(숙제): 단 한 분뿐인 아빠

8월 품성 주제: 사랑_ *Love* ································· 119

사랑의 정의와 나의 결심 | 사랑에 관한 토론과 질문 | 사랑 이해하기 | 황금률 | 위인 이
야기 | 사랑 실행하기 | 지역 봉사 아이디어 | 사랑에 관한 글 읽기(숙제): 전쟁터의 천사

9월 품성 주제: 지혜_ *Wisdom* ································· 133

지혜의 정의와 나의 결심 | 지혜에 관한 토론과 질문 | 솔로몬의 재판 | 황금률 | 위인 이
야기 | 지혜 실행하기 | 지역 봉사 아이디어 | 지혜에 관한 글 읽기(숙제): 소년과 땅콩; 개
구리와 우물

10월 품성 주제: 정직_ *Honesty* ································· 145

정직의 정의와 나의 결심 | 정직에 관한 토론과 질문 | 정직 이해하기 | 황금률 | 위인 이
야기 | 정직 실행하기 | 지역 봉사 아이디어 | 정직에 관한 글 읽기(숙제): 정직한 나무꾼;
조지 워싱턴과 체리나무; 정직한 에이브

11월 품성 주제: 겸손_ *Humility* ································· 163

겸손의 정의와 나의 결심 | 겸손에 관한 토론과 질문 | 초대받지 않은 사람 | 황금률 | 위
인 이야기 | 겸손 실행하기 | 지역 봉사 아이디어 | 겸손에 관한 글 읽기(숙제): 바닷가에
서의 카뉴트 왕

12월 품성 주제: 인내_ *Patience* ································· 177

인내의 정의와 나의 결심 | 인내에 관한 토론과 질문 | 인내 스토리 | 황금률 | 위인 이야
기 | 인내 실행하기 | 지역 봉사 아이디어 | 인내에 관한 글 읽기(숙제): 까마귀와 물주전

자; 네델란드의 꼬마 영웅

1월 품성 주제: 용기_ *Courage* ·········· 193

용기의 정의와 나의 결심 | 용기에 관한 토론과 질문 | 용기 스토리 | 황금률 | 위인 이야기 | 용기 실행하기 | 지역 봉사 아이디어 | 용기에 관한 글 읽기(숙제): 나는 꿈이 있다

2월 품성 주제: 창의력_ *Creativity* ·········· 209

창의력의 정의와 나의 결심 | 창의력에 관한 토론과 질문 | 황금률 | 위인 이야기 | 창의력 실행하기 | 지역 봉사 아이디어 | 창의력에 관한 글 읽기(숙제): 에디슨의 힘겨운 노력; 배를 만드는 로빈슨 크루소

부록 : 실행을 위한 품성 정의 요약과 보충 자료 ·········· 229
    품성 칭찬 실행 3단계와 품성 칭찬 방식
    품성의 정의와 나의 결심
    품성 칭찬을 위한 기타 덕목
    6대 품성 측정
    벤자민 프랭클린의 매일 목표
    벤자민 프랭클린은 노트 한 장에 한 가지 덕행을 적었다
    아이들에게 '품성 목표 카드'를 가르치라
    모범을 보이기 위한 교사의 자기점검
    유혹을 이기는 9가지 윤리 테스트

저자 프로필과 교육 실적 ·········· 247

한국품성교육협회 소개 ·········· 250

품성의 가치를 가르치는 일이 쉽지 않다고 생각하겠지만 일단 시작해 보면 아이들의 행동에 놀라운 변화가 일어날 것이다. 특히 교사나 부모의 스케줄이 바쁜 현실을 고려하여 지도자가 품성 교육을 단계별로 집중하여 가르칠 수 있도록 기획했다.

학습자 편에는 학부모에게 보내는 품성 교육 실행에 대한 편지 예문을 실었다. 학교에서 아무리 잘 가르쳐도 가정에서 가족이 뒷받침해 주고 동참하지 않으면 효과가 없다. 그리고 1년간의 주제 품성과 보조 덕목을 월별로 제안했다. 물론 월별 주제는 교사가 우선순위를 정해도 되지만 이 책의 순서를 따르면 혼돈을 피할 수 있다. 한 달에 한 가지 품성 주제만 집중하는 것이 효과적이다.

실제 적용에서는 먼저 품성 생활을 위한 기본 자세인 경청, 순종, 감사를 설명하고 품성 칭찬의 실제 사례를 소개했다. 품성 계발은 품성 칭찬이 열쇠이므로 지도자가 적용해야 교육 효과를 기대할 수 있다. 품성 칭찬에 활용할 만한 덕목과 정의를 부록에 포함했다.

교육 내용은 가장 보편적인 12가지 품성 덕목의 정의와 실천을 위한 행동 강령인 '나의 결심'을 제시했다. 각 주제당 4주간으로 구성한 학습 진행 중에서 교육 시간에 따라 지도 교사가 탄력성 있게 선택해도 된다. 같은 주제의 다양한 미덕 이야기를 비롯해 토론을 위한 질문, 실천 사항, 봉사 아이디어, 품성 독서 훈련을 위한 짧은 글 등은 학습자의 수준에 적합한 내용만 지정해 주어야 한다. 지도 교사와 학습자의 편의를 위해 4주간의 구체적 일정을 12개 주제의 첫부분마다 반복했다.

각 주제 품성을 시작하기 전에 세 가지 기본 품성인 경청, 순종, 감사를 오리엔테이션으로 한 달 동안 훈련시킨 후에 적절한 기회마다 복습하면 된다. 일반 과목 수업 중에도 교사와 학생들은 이 세 가지 기본 품성을 실제로 적용해야 한다. 1년 주기로 3월 신학기에 시작하여 다음해 2월에 끝나도록 구성했지만 학급의 필요에 따라 그달의 주제 품성을 바꿔도 상관없다. 8월과 1, 2월 방학 때는 가정에서 부모가 지도하면 된다. 각 주제 품성은 품성의 정의와 정의를 이해하는 데 도움이 되도록 반대어를 제시했다. 특히 역사의 위인뿐만 아니라 우리 시대에 품성의 모범을 보인 사례는 학습자에게 감동과 동기 유발을 일으켜 선행하려는 꿈을 갖도록 이끌 것이다.

마지막 부록은 암기와 실행에 편리하게 활용할 수 있도록 15가지 기본 '품성 덕목의 정의'와 '나의 결심', '30가지 부수 덕목'을 재정리하고 요약했다. 그 밖에 적용할 만한 자료도 포함했다.

학부모님께

올해 우리 학교에서는 품성 계발이라는 특별한 인성 교육을 시작하게 됩니다. 학부모님도 자녀가 학업 성적이 우수할 뿐만 아니라 착하고 바른 인격을 소유한 자로 성장하기를 바라는 줄 압니다. 그러나 가정에서 품성 계발이 이루어지지 않으면 학교의 품성 교육만으로는 좋은 열매를 맺을 수 없습니다. 가정에서도 학교에서 가르치는 품성 계발 교육을 인지하고 실행할 수 있도록 다음과 같은 교육 내용을 알려 드립니다.

우리 교사들이 가르치려는 품성 계발 교육의 덕목은 민주 사회에서 보편적으로 인정받는 것입니다. 매달 한 가지 주제 품성과 함께 배우는 보조 덕목이 있습니다. 3월의 주제 덕목은 '존중'이며, 보조 덕목은 '수용성'과 '친절'입니다. 4월의 주제 덕목은 '책임'이고, 보조 덕목은 '자기 수련'과 '믿음직함'입니다. 존중과 책임을 먼저 가르치는 이유는 가정, 학교, 사회 생활에서 가장 기초가 되는 덕목이기 때문입니다. 그 위에 다른 덕목을 세워 나갈 수 있습니다.

매달 주제 품성 덕목을 강조하며, 그 달의 주제 덕목과 보조 덕목, 각 덕목을 이해하기 위한 개념 파악, 정의와 실행을 위한 나의 결심과 명언 또는 격언과 품성을 배울 것입니다. 교육 효과를 위해 각 주제에 따른 사인과 포스터를 학교 복도, 교실, 화장실 등에 전시할 예정입니다. 학부모님이 가정에서 자녀의 품성 계발을 장려하도록 간략히 만든 이상의 자료를 보낼 것입니다.

자녀들의 건강하고 품격 있는 인격 계발과 성공적인 양육을 위해 교사와 학생, 학부모의 공동 노력이 필요합니다. 효과적인 품성 교육을 위해 학부모님의 제안을 환영합니다.

올해의 월별 품성 주제는 다음과 같으나 학교의 필요에 따라 순서를 바꿀 수도 있습니다. 매달 주제와 상관없이 가장 먼저 가르치는 주제는 경청, 순종, 감사입니다. 이 세 가지 기본 품성을 일상생활에서 수시로 반복하여 복습하고 적용할 것을 제안합니다.

월별 품성 교육 일정표

3월 … 존중 : 배려, 수용성, 관용

4월 … 책임 : 자기 수련, 믿음직함

5월 … 자애심 : 봉사, 후함

6월 … 믿음 : 소망, 신뢰

7월 … 헌신 : 충성, 노력

8월 … 사랑 : 우정, 친절 _{방학 중에는 부모가 가르침}

9월 … 지혜 : 지식, 통찰력

10월 … 정직 : 청렴, 진실

11월 … 겸손 : 온유, 감사

12월 … 인내 : 끈기, 확신

1월 … 용기 : 집착, 신념 _{방학 중에는 부모가 가르침}

2월 … 창의력 : 경의로움, 자원력 _{방학 중에는 부모가 가르침}

1장

품성은 인간 관계의 필수 덕목

Character Education

일러두기
본문의 별색 박스는 지도자를 위한 안내서입니다.

한국에서 인人은 그냥 '사람'이라 하고 인간人間은 복수로 '사람들'이라고 이해한다. 그러나 한자의 뜻으로 본 인人은 옆으로 서 있는 개인을 나타내고, 인간人間은 인人과 인人 사이를 뜻하는 사이 간間을 붙여 사람과 사람은 어울려 살아가는 존재임을 의미한다. 최봉영, 「대한민국의 교육 이념과 교육 목적에 대한 검토」, 2010: 30 사람은 혼자가 아닌 사회적 관계에 있으므로 품성은 인간 관계의 기초이자 필수 덕목이다.

인간 관계란 사람들 간에 상호작용을 하며 영향을 주고받는다는 뜻이다. 인간 관계의 목표는 조직의 목적을 성취하는 동시에 개인의 필요를 만족시킴으로써 서로 원원하는 상황을 만드는 것이다. 긍정의 품성은 학교생활뿐 아니라 사회에 나와서도 소통과 화합의 정신을 강화하고 가족 간의 일체감을 심어 준다. 반면 분노, 무례, 불순종, 불충, 거짓, 교만 등 부정의 태도에서 연유하는 긴장과 갈등은 학교, 직장, 가정에서의 인간 관계를 파괴한다.

1. 개인을 전인격체로 봐야 한다

학교나 조직에서는 목표 달성을 위해 사람의 전문기술뿐 아니라 전인격체를 만난다. 즉 전인적으로 다가가야 하는데 개인 행위, 인간 관계, 조직 성과를 먼저 생각한다. 행위란 사람들이 말하고 행하는 것이며, 인간 관계는 사람이 행동하는 데 필요한 연료다. 행위의 종류에는 개인, 그룹, 조직 세 가지가 있는데 인간 관계는 그룹과 조직의 단계에서 생긴다.

1) 개인의 내면화 품성 계발: 행위, 인간 관계, 업무 수행은 개인의 내면에서 시작한다.

개인의 내면이라는 말은 '안intra'이라는 뜻이며, 내면의 기술intrapersonal skills은 개인의 내면에 있는 개성, 태도, 자아 개념, 청렴함 등의 특성을 일컫는다. 내면의 기술은 스스로 관리하는 능력이라고도 말한다. 당신은 항상 가까이에서 감독받아야 하는가, 아니면 스스로 자신을 관리할 수 있는가? 내면의 기술은 외면인 대인 관계 기술의 기초다.

2) 대인 관계 기술이 인간 관계의 기초다.

인간이라는 단어처럼 영어의 inter대인도 between사이이라는 의미를 갖는다. 대인 관계 기술은 사람들 사이에 있다는 말이다. 대인 관계 기술은 다양한 사람들과 어울려 일하는 능력이다. 다른 사람의 기대를 이해하고 그 기대에 부응하는 것이다. 성공하는 사람의 대인 관계 기술은 개인의 내면intra 품성에 기초한다.

2. 소통은 행동과 인간 관계에 어떻게 영향을 주나?

우리는 소통을 통해 관계를 시작하고 만들며 유지하기 때문에 대인 관계 기술은 인간 관계의 기초다. 행위는 우리가 행하고 말하는 것임을 상기하면 소통 역시 행위다.

많은 사람이 하루의 75퍼센트를 의사소통에 쏟는다. 그러나 들은 내용의 75퍼센트는 잘못 들은 것이며, 정확히 들은 것도 75퍼센트는 3주 안에 잊어버린다. 다양한 연구 조사는 직장 내 의사소통의 70퍼센트가 원래 목적을 성취하지 못한다고 발표했다.Lussier, 2008: 156

분명한 것은 의사 전달소통 기술이 우리가 성공하는 데 아주 중요한 요소라는 사실이다. 의사 전달이 안 되면 학업에 지장이 생길 뿐 아니라 장래의 취업에도 어려움이 있을 것이고, 결국 경력을 쌓고 승진하는 데 걸림돌이 된다. 스탠포드대학교의 연구 조사에서도 다른 사람과 소통하는 능력이 성공에 영향을 미친다고 발표했다. Staff, "Brush Up Your Shakespeare," The Wall Street Journal, October 5, 2004, p.A1, B1 우리가 조심해서 말해야 하는 이유는 의사소통이 학업 성적이나 업무 성과와 승진 기회에 영향을 미치기 때문이다. 의사소통 기술만큼이나 중요한 것이 상대방의 말을 경청하는 기술이다.

일반 대중이나 거래처에서 한 조직을 어떻게 인식하는가는 직원들과 나누는 소통에 기반을 두고 있다. 사회생활에서 효율적인 소통 없이 이루어지는 일은 없다. 효율적인 소통 전략은 학업 성취, 직장생활의 성공, 대인관계 원활, 갈등 해소, 동료 의식 증대, 직장에 대한 충성심을 가져다준다. 의사소통의 중요성은 글로벌 경제와 기술 속도의 증가, 사업 시행의 증가와 함께 계속될 것이다.

대화 중에 드러나는 행위는 역시 다른 사람들의 행위와 인간 관계에 영향을 미친다. 영어에 "What goes around comes around"가는 말이 고와야 오는 말도 곱다처럼 당신이 예의가 있고 친절하면 상대방도 예의가 있고 친절하게 대할 것이다. 그러나 당신이 경청하지 않는 무례한 태도를 보이면 상대방도 무례하게 행동할 것이다. 친절한 매너로 소통하는 사람은 인간 관계가 좋다. 반면 매너가 없는 사람은 인간 관계가 나빠진다. 직장에서도 의사소통이 안 되면 직원들이 서로 협력하지 않아서 생산성이 떨어지고 긴장감이 흐르며 험담과 이직, 결근 등을 부른다. 불통은 성격 갈등의 진짜 원인이 되기도 한다.

2장

품성의
기본 자세와
보편 덕목

Character Education

1. 효과적인 인간 관계를 위한 세 가지 기본 태도

삶의 성공과 행복은 당신의 태도에 기초하여 당신의 가치와 윤리성에 의해 형성된다. 당신이 보여 주는 당신 자신과 타인에 대한 태도가 당신의 행동과 인간 관계에 영향을 미치는데 상대방에게 먼저 경청하고 순종하며 감사하는 태도가 기본이다.

태도

사람, 사물, 상황에 대한 강한 믿음 또는 느낌과 표현이다. 우리는 인생, 인간관계, 일, 학교 등에 대해 호감을 보이는 긍정의 태도를 갖거나, 아니면 부정의 태도를 갖고 있다.^{Lussier, 2008: 74} 태도를 바꾸는 것이 쉬운 일은 아니지만 우리는 태도를 바꿀 수 있다.

---

2. 기본 자세: 한국 사람에게 가장 부족한 태도

남양주의 어느 중학교 교사는 수업을 시작하고 3분만 지나면 고삐 풀린 야생마처럼 산만해지는 학생들 때문에 별별 방법을 연구하며 노력했는데도 소용이 없다고 토로했다. 학생들이 수업 시간에 집중하지 않는 문제는 어느 교사나 겪는 일이다. 그는 교사로서 한계를 느끼던 차에 '경청'이라는 두 글자를 배우러 저자에게 왔다. 그는 3개월 후에 다시 찾아와서 경청을 가르치자마자 학생들의 수업 태도가 달라졌다는 놀라운 결과를 전해 주었다. 그보다 더 놀라운 사실은 학생들에게 경청을 어떻게 하는지, 왜 해야 하는지 아무도 가르쳐 주지

---

*이 장은 한국품성계발원에서 2012년에 발행한 《품성생활 퀵 가이드》에서 참고 인용했다.

않았다는 점이다. 교사 자신은 물론 학부모들도 경청하는 법을 배우지 못한 채 "말 좀 들어라", "말을 왜 잘 안 듣냐?" 하고 잔소리만 했으니 아이들이 어떻게 경청할 수 있겠느냐는 것이었다. 그 후 그는 경청의 비결을 전교생에게 가르쳤다.

삼성 이건희 회장이 선대에서 받은 가훈

삼성그룹의 이건희 회장은 고 이병철 회장에게서 물려받은 "내 생각을 말하기 전에 남의 말을 먼저 들어라."는 가훈을 철저히 지켰다고 한다. 이재용 부회장의 원칙도 "주의 깊게 귀를 기울여 듣는다."라는 뜻의 경청傾聽이라고 한다. 독일 신학자 폴 틸리히Paul Tillich는 "사랑의 첫째 의무는 경청이다."라고 했다. 하지만 우리는 가정, 학교 등 어디서도 경청을 배우지 못한 탓에 대인관계에서 경청하지 못하는 편이다.

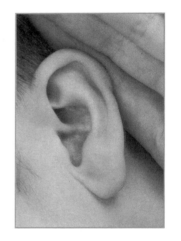

"경청하는 귀는 현명한 사람의 갈망이다."

Ben Sira, c. 190 B.C.

[목적] 경청은 상대방의 말이나 일에 귀를 기울여 주의 깊게 듣는 마음의 태도로서 품성의 덕목이라기보다는 품성을 위한 기본 자세다. 대화를 나누는 상대방의 가치에 초점을 두는 것이므로 모든 사람을 존귀하게 대해야 한다. 따라서 수용성, 관용성과 함께 친절이 필요하다. 상대방이 말할 때는 하던 일을 멈추고 눈을 바라보며 들어야 한다. 상대방의 말을 듣기 위해 시간을 할애하는 것이야말로 인내가 필요하며 모든 인간 관계를 유지하는 가장 강력한 방법이다.

경청 attentiveness은 라틴어 *ad tendo* 쪽 뻗치다에서 나왔다. 히브리어는 '콰샤브'*qashshab*인데 말이나 당나귀의 경우 흔히 '귀를 쫑긋 세운다'는 뜻이다. 헬라어는 '에크레마마이'*ek-kreh-mahmy*이며 '말하는 이의 입술에 매달린다'는 의미다. 사전에서는 '정신을 집중하는 능력' 또는 '조심성 있게 관찰함' '사려 깊고 예의 있는 행위' 등으로 정의한다.

한자의 경우 傾聽경청은 귀를 기울여 듣는다는 말이고, 敬聽경청은 공경하는 마음으로 듣는다는 의미인데 '말을 삼가다' '마음을 절제하다' '정중하다'의 뜻도 지닌다. 한자어 들을 청聽은 왕의 귀耳+王와, 열 개의 눈十+目과 하나의 마음一+心으로 구성되었으니 왕의 귀로 듣듯이 열 개의 눈, 즉 온 마음을 다해 집중하여

Ears	聽	Eyes
		Undivided Attenteion
		Heart

듣는 태도가 경청이다.

경청은 다른 사람에게 주의를 집중하여 바라보고 유익한 것을 기대하면서 주목하는 기술로, 정보를 입수할 뿐 아니라 인간 관계의 소통을 최대화하는 훈련이다. 따라서 경청의 비결은 '상대방이나 상대방의 일을 존중하며 가치를 보여 주는 것'이 핵심이다. 사람은 가장 가치 있는 일에 관심을 집중하게 마련이다. 완전히 집중하면 말하는 사람과 그의 생각을 바르게 전달받고 이해할 수 있다.

정보와 지식은 힘이다. 그렇기 때문에 지식은 경청을 통해서 얻어진다는 것을 기억해야 한다. 경청은 오감시각, 후각, 미각, 촉각, 청각을 사용하여 집중함으로써 정보를 얻는 것이다. 또한 경청은 오감을 통해 얻은 정보를 적용하는 생각의 질과 관련된다. 고객의 요청에 귀를 기울이거나, 리더의 지시를 듣거나, 지침서를 읽거나, 장비를 살펴보고 작동 신호에 따라 대처하는 것 등 모든 생활에 경청이 필요하다. 경찰서에서 순찰차 수백 대를 주문했는데 차의 색상과 무늬는 주문한 대로 나왔지만 주문받은 직원이 잘 듣지 못해 색상의 순서가 바뀌었다면, 세부 사항을 경청하지 않은 작은 실수 때문에 자동차 공장은 엄청난 손해를 볼 것이다.

아직 경청이 익숙하지 않은 사람은 중요한 세부 사항을 놓쳤다는 것을 인식하지 못한 채 대화에서 드러나는 사실만 귀에 담을 것이다. 경청하는 사람은 말하는 상대가 생각하는 것과 동일한 그림을 마음에 그리며 듣는다. 당연히 중요한 세부 사항을 잘 들을 뿐 아니라 입수한 정보에서 빠진 것까지 감지하여 질문하며 완전히 이해한다.

품성은 가르치기보다는 '모범을 보여야' 제대로 배운다. 특히 교사, 부모, 지도자는 학생, 아이, 고용인이나 동료 혹은 가족에게 경청을 기대하기보다 자신이 경청하는 모범을 보여야 한다. '내가 행하는 대로가 아닌 내가 말하는 대로 하라'는 식은 받아들이기 어렵다. 지도자가 경청의 중요성을 강조하면서 본인은 상대방이 말하는 중간에 끼어들거나 산만하게 움직인다면 그들의 말은 아무 의미가 없다.

경청의 정의와 나의 결심

경청: 산만함

상대방이나 그의 일을 존중하여 나의 온 마음과 뜻과 힘을 다해 듣는 것

Attentiveness vs. Distraction: Listening respectfully to a person or his task with all my mind, will and strength

나의 결심

- 말하는 사람을 밝은 표정으로 바라보며 듣겠다.
- 잘 이해할 수 없으면 나중에 질문하겠다.
- 눈, 귀, 입, 손 등을 산만하게 움직이지 않고 바른 자세로 앉거나 서겠다.
- 상대방의 말을 중간에 막고 내 말을 하지 않겠다.
- 상대방이 말할 때 집중하는 예의를 보이겠다.

사슴은 포식동물의 공격에서 살아남기 위해 보고, 듣고, 냄새 맡는 예리한 감각을 사용한다. 특히 경청력이 뛰어나 어둠 속에 있거나 풀을 먹을 때 고개를 들어 직접 보지 않고도 양쪽 귀를 레이더처럼 180도로 돌려 주변 소리는 물론 먼 발자국 소리로 어떤 동물인지 분간해 낸다. 사슴은 귀, 눈, 코를 집중적으로 사용하는 정신 능력과 경계심 때문에 야생에서 살아남을 수 있는 것이다.

보조 덕목

- 주목attention: '관심을 가지고 주의해서 보거나 살피는 것'인데 주의를 집중

하려면 의식적으로 선택해야 한다. 경계심을 가지고 주변에 일어나는 일을 감지한다 할지라도 한 번에 한 사람이나 한 사물에게만 집중하여 경청할 수 있다. 그 순간 우리에게 가장 중요하다고 생각되는 일에 주목하는 것이다.

- 집중focus: '한 가지 일에 힘을 쏟아붓는 것'이다. 경청이란 오감시각, 청각, 후각, 미각, 촉각 중에서 한 개 이상의 감각 기관을 구체적인 대상을 향해 집중하는 자세다. 다른 감각 기관에 집중력을 강화하기 위해 한 개 이상의 감각 기관을 차단하기도 한다. 물론 하나의 감각 기관으로는 정보를 충분히 입수할 수 없기 때문에 모든 감각 기관을 사용하여 경청을 시도할 때가 있다.

- 응용application: '이론이나 지식, 원리 따위를 실제로 적용하거나 이용하는 것'이다. 경청이란 정보를 모으고 다루는 수단으로 가정과 직장 등 언제 어디서나 적용해야 할 필요성을 고려하여 훈련해야 한다.

경청은 상대방의 말을 듣고 반응하는 것이다.

- 메시지 받기
- 반추하기 의미를 되새겨보는 것
- 해석하기 말하는 사람이 무엇을 생각하고 느끼는지 결정하는 것
- 반응하기 내용을 실행하는 것

경청하는 다섯 가지 태도

- 말하는 사람의 눈을 마주 본다.
- 자세를 약간 앞으로 향한다.
- 시계를 보지 않는다.
- 내용을 메모한다.
- 하품, 기침, 재채기를 삼간다.

당신의 실제 행위에 가장 가까운 대답을 선택하라. 15개의 문장 앞에 다음과 같이 점수를 선택하라.

1, 4, 5, 6, 9, 12, 13, 14, 15번 문제는 다음의 점수를 선택하라.

거의 항상 그렇다(5), 대체로 그렇다(4), 종종 그렇다(3), 가끔 그렇다(2), 드물다(1)

2, 3, 7, 8, 10, 11번 문제는 다음의 점수를 선택하라.

거의 항상 그렇다(1), 대체로 그렇다(2), 종종 그렇다(3), 가끔 그렇다(4), 드물다(5)

_____1. 사람들이 말하는 것을 듣기 좋아한다. 나는 관심을 보임으로써, 웃음으로, 고개를 끄덕이는 행동으로 상대방이 말하게끔 격려한다.

_____2. 나에게 더 관심을 갖거나 비슷한 사람에게 주의집중을 한다.

_____3. 상대방이 말할 때 상대방의 말과 비언어 소통 능력을 평가한다.

_____4. 산만한 것을 피한다. 소음이 있으면 조용한 곳으로 옮기자고 제안한다.

_____5. 내가 말하는 것을 방해하면 행동과 생각을 멈추고 상대방에게 집중한다.

_____6. 사람들이 말을 끝내도록 시간을 준다. 중간에 방해하여 그들이 무슨 말을 할 것인지 기대하거나 미리 결론 내리지 않는다.

_____7. 내 의견에 동의하지 않는 사람들의 말은 잘 듣지 않는다.

_____8. 다른 사람이 말하거나 교수가 강의하는 동안 머릿속으로 다른 생각을 한다.

_____9. 상대방이 전달하려는 의미를 충분히 이해하기 위해 비언어 소통에 집중한다.

_____10. 주제가 어려우면 듣지 않으면서 이해하는 척한다.

_____11. 다른 사람이 말하는 동안 내가 어떻게 답할지 생각한다.

_____12. 상대방의 말에 부족하거나 모순이 있다고 느끼면 좀 더 충분히 설명
하도록 직접적인 질문을 한다.

_____13. 무슨 말인지 이해가 안 되면 메시지 발신자에게 질문한다.

_____14. 다른 사람이 말할 때 나를 그의 입장에 두고 그의 관점에서 사실을
보려고 노력한다.

_____15. 대화 중에 내가 똑바로 이해했는지 확인하기 위해 상대방의 이야기
를 나의 말로 되풀이하여패러프레이징 확인한다.

당신의 경청 기술 점수를 합하면 15-75점이 될 것이다.

아주 못 듣는 사람　　**15　25　35　45　55　65　75**　　아주 잘 듣는 사람

경청 이야기

"환자, 경청한 의사에게 감동하여 4,200만 달러약 500억 원 **기부"[2]**
: 시카고대학병원, 의사-환자 관계를 개선하기 위한 연구소 설립 예정

겸손한 의사에 감동한 캐롤린 벅스바움82세과 남편 매튜85세 부부가 시카고대
학교의 최대 기부자가 되어 화제가 되고 있다.

벅스바움 부인은 10여 년 전 그녀의 병에 대한 직감을 오만한 태도로 무시한
의사에 대한 좋지 않은 기억이 있었다. 그런데 "나의 판단이 옳았고 그 의사는 오
진을 했는데 결코 사과하지 않았다."라고 그녀는 말했다.

2　《The New York Times》, Chicago Tribune, 시카고대학 사이트,　WBEZ인터뷰 9-22-2011를
참고하여 재작성했다.

몇 년 후 벅스바움 부인과 남편 매튜 씨는 시카고대학병원의 아주 온정이 많고 겸손한 마크 시글러 박사에게 치료를 받았는데 "그는 자신을 '박사'라고 호칭하지 않고, 환자에게 눈을 맞추고 공감해 주며, 집에 전화를 걸어 환자를 돌보는 의사" 라고 칭찬했다.

이제 벅스바움 부부는 '의사와 환자 관계' 개선 연구소를 설립하여 의대생들이 이분을 모델로 닮도록 교육해 달라며 4천 2백만 달러를 기부하였다. 시글러 의사는 "환자를 잘 돌보며 환자를 대하는 의사의 매너를 가르치는 데 엄청난 액수인 것 같지만 의사와 환자 사이의 관계가 치료 결과에 긍정적인 영향을 나타낸다는 연구 조사가 있다."라고 설명한다.

거의 모든 의과대학에서는 의사가 환자의 말에 경청하고 공감대를 형성하는 것이 중요하다고 가르친다. 그런데 벅스바움 연구소는 "과학과 의술만큼 중요하다."라고 말한 시글러 박사의 말처럼, 환자에 대한 자애심과 감정이입을 강조한다. 의학교육 전문가들도 오늘날 인간관계 측면이 최신 기술개발에 관한 논의에서 밀려나 있다고 본다.

벅스바움 부부는 원래 아이오아 주 출신으로 11년 전에 시카고로 이사한, 미국에서 두 번째로 큰 대형 쇼핑몰을 미국 전역에 소유한 거부였다. 벅스바움 부부는 40여 년 이상 시카고 의대 일반내과 전문의이며, 또한 세계적인 의료윤리학자인 시글러 박사에게 특별한 감동을 받았다. 그는 아직도 가정을 방문하여 진료하고, 명함에 자신의 집과 핸드폰 번호를 적어 놓으며, 그의 병원에 있는 사무직원이나 간호사들을 부하로 취급하지 않고 동료로 대한다. 벅스바움 부인이 가장 감동받았던 순간은 그녀가 폐암 여부를 확인하기 위해 예비 수술을 받을 때 일반 의사인 시글러 박사가 그 자리에 없어도 되었지만 수술실에 찾아왔다는 사실이다.

시카고대학병원은 "'최고 임상치료를 위한 벅스바움 연구소 Bucksbaum Institute for Clinical Excellence'의 총책임자는 시글러 박사가 맡을 예정"이라고 밝혔다.

"소프트 뱅크 손정의 회장 '위기 돌파법'"[3]

; 6시간 선 채로 진지하게 경청

2010년 3월 11일 미국의 닷컴 버블거품로 주식가치가 떨어졌을 때 세계에서 부자 3위를 달리던 한국계 일본교포 3세인 손정의 회장이 설립한 인터넷 기업 소프트뱅크의 주가 역시 100분의 1로 토막이 났다. 손 회장은 주주총회에서 화가 나서 자신에게 '사기꾼'이라며 질책하는 주주들을 설득하기 위해 6시간 동안 자리에 앉지도 않고 그들의 모든 질문에 진지하게 경청하며 직접 답변했는데 그 결과 주주들이 감격의 눈물을 흘리며 박수로 격려해 주었다.

"경청"[4]

예전에 통번역 대학원에서 토론 수업을 받은 적이 있다. 1학년 전체 학생을 무작위로 섞어 조를 나눈 뒤 공개 토론을 하고 평가하는 수업이었다. 토론 과제에 이어 찬성과 반대 조를 정한 뒤 조원끼리 역할을 나누고 기본 주장과 근거, 각국 사례, 상대 팀 주장에 대한 반박 질문, 상대 팀 반박 질문에 대한 방어 등을 일주일간 준비한 후 토론에 임했다.

오래전 일이라 상세한 토론 내용이나 결론에 대한 기억은 희미하다. 다만 방청객이었던 한 학생의 평가만큼은 또렷하게 기억난다. "제가 교수님이라면 두 조 모두 0점을 주겠습니다." 100여 명의 시선이 그와 교수님 사이를 오가며 다음 전개에 대한 흥미와 긴장감에 숨죽인 채 반짝이고 있었다.

조용히 이유를 묻는 교수님의 질문에 그가 대답했다. "단 한 명도 상대편 이야

---

3 2011년 10월 11일, 《중앙일보》, "주가 100분의 1 토막 '성난 주총'" 참고.
4 김희성(일본어 통역사), 《국민일보》, "살며 사랑하며", 2012.11.30.

기를 듣는 사람이 없었기 때문입니다. 질문을 하고도 답변자의 말을 제대로 듣지 않았고 다음 질문을, 아니 공격을 위한 준비를 하고 있었습니다. 묻고도 듣지 않는 사람도, 듣거나 말거나 자기 할 말만 하는 사람도 모두 토론자로서 자격 미달이고 0점입니다."

매섭게 정확한 지적이었다. 학점을 잘 받으려고 열심히 준비했으나 막상 토론이 시작되니 유치한 승부욕으로 변질됐다. 상대방 답변은 또 다른 반박을 위한 먹잇감일 뿐이었다. 머릿속에 내 할 말만 가득해 상대의 말이 들어올 작은 틈조차 없었다. 상대의 말실수에 하이에나처럼 달려들었고 말문이 막힌 상대를 보며 이겼다고 통쾌해했으니 그의 채점에 이의를 제기할 염치조차 없었다.

미국의 전 국방장관인 딘 러스크David Dean Rusk는 타인을 설득하는 최상의 방법은 경청하여 귀로 설득하는 것이라고 했다. 그러니 최고의 토론 기술은 귀를 기울여 듣는 일인 셈이다. 사람은 상대가 내 의견을 충분히 이해했다는 확신이 들었을 때 비로소 마음을 열고 그의 의견을 듣는다.

야권 후보 단일화 과정에서 경청과 소통이 떠올랐다. 상대의 말을 경청하는 것은 그를 지지하는 국민의 목소리를 듣는 것과 같건만 누군가는 듣지 않았고 누군가는 듣게 하지 못했다. 곧 대권 후보들의 미디어 토론이 시작될 것이다. 용기는 일어나 말할 때만 필요한 것이 아니라 앉아서 들을 때도 필요하다고 하지 않았던가. 용기 있는 후보는 들을 줄 아는 사람이다. 겸양과 절제의 힘으로 듣는 사람이다. 그런 후보는 TV 앞에 앉은 유권자의 마음을 얻을 수 있다. 경청은 사람의 마음을 여는 가장 효과적인 열쇠다.

경청 칭찬하기

보이는 업적이나 성과를 칭찬하는 것이 보이지 않는 품성을 칭찬하는 것보다 훨씬 쉽다. 그러나 좋은 품성은 업적을 성취하게 하므로 성취한 업적보다는 상대방의 품성을 주목해 관찰하고 격려해 주는 것이 훨씬 중요하다.

〈경청을 칭찬하는 사례〉

직장에서

"당신의 경청을 칭찬하고 싶습니다. 당신은 그 문제의 핵심을 파악해 낼 만큼 경청하는 자세가 뛰어납니다. 경청이란 '상대방이나 그의 일을 존중하여 나의 온 마음과 뜻과 힘을 다해 듣는 것'인데, 문제점을 초기 단계에서 파악하고 적절한 대책을 미리 세움으로써 나중에 올 다른 문제들을 방지할 수 있을 것입니다. 제가 많은 도전을 받고 더욱 경청해야겠다는 결심이 생깁니다."

"당신이 대화하면서 주의 깊게 듣고 중요한 사항을 자세히 메모하는 태도를 보았습니다. 경청하여 정확한 정보를 얻을 뿐 아니라 상대방을 가치 있게 여기는 모습을 보여 주는 당신의 훌륭한 태도를 저도 배우고 싶습니다."

학교에서

"너는 이번 시험에서 좋은 점수를 받았네. 수업 중에 선생님의 말씀에 경청했고 과제를 완성하기 위해 자세한 부분까지 주의를 기울였더니 좋은 결과가 나왔구나."

"교장 선생님이 말씀하실 때 주의를 기울여 들으니 고맙구나. 똑바로 앉아서 바라보고 듣는 자세는 그분을 존경하며 그분의 말씀을 귀하게 여긴다는 뜻을 보여 준 거란다. 다른 학생들에게 좋은 모범이 되니 참으로 기쁘다."

가정에서

"방을 깨끗이 청소하라는 말을 잘 따라 줘서 기쁘구나. 방이 얼마나 잘 정리되었는지 보렴. 특히 내가 말할 때 나를 바라보며 들어줘서 고맙다."

"동생에게 관심을 보이며 경청해 줘서 고맙다. 네가 동생의 요구를 잘 들어주면 동생도 너를 존경하고 네가 자신에게 고마워한다는 걸 깨닫는단다."

순종

"순종은 큰 것이 아닌 작은 것에서 드러난다."

토머스풀러 Thomas Fuller

[목적] 순종의 기본은 관계다. 순종과 권위의 관계는 인간 사회의 가장 근본 기능 중 하나다. 이는 모두의 성공을 위한 '최소한 요구' 그 이상을 기꺼이 해 내고자 하는 서로 간의 책임과 헌신을 동반한다.

우리에게 명령을 내리는 모든 사람에게 순종해야 하는 것은 아니다. 순종은 책임에 기본을 두기 때문이다. 순종은 책임이 있는 사람에게 하는 것이다. 삶의 모든 영역에서 책임이 맡겨지기 전에 먼저 순종을 배워야 한다.

지도력은 권위자에게 순종함으로써 개발된다. 학생은 선생님의 지시에 순종함으로써 학업에 충실하여 좋은 성적을 얻을 수 있다. 아이는 부모님에게 순종함으로써 방을 깨끗이 청소하고 그 과정을 통해 정돈orderliness의 품성을 배운다. 새로 채용된 고용인은 상사의 지시를 따름으로써 일을 시작한다. 과제를 수행함으로써 일하는 기술과 권위자의 목표, 그런 방법이 사용된 이유를 배운다. 고용인이 기술을 배워 점점 더 익숙해지면 결정을 내릴 수 있는 권한과 책임이 생긴다. 순종은 권위자와 그 권위 아래 있는 사람들 간의 상호 관계를 바탕으로 한다. 순종은 창조성과 자발성을 개발하는 덕목이다.

순종의 히브리 원어인 '쉐마שמע, Shama'는 '재치와 총명으로 듣고 부름에 응답한다'는 뜻이다. 노예처럼 명령을 맹목적으로 따르는 것이 아니라 상대방의 요구에 공감하여 행한다는 뜻까지 포함된 것이다. 또 다른 히브리어 '파이테셔'는 지도자에게 눌려서 꼼짝 못하는, 단순히 명령의 노예처럼 맹목적으로 따르는 것이 아니라 지도자에게 설득되어 따른다는 뜻이다. 헬라어는 '휘피쿠오'인데 '행동한다'는 의미다. 참된 경청 또는 순종은 신체적 반응과 말하는 사람의 의도소원에 따라 행동한다는 말이다.

경청의 반대가 '안 듣는 것'이 아닌 것처럼 우리가 흔히 아는 불순종이 아니라 '자기 주장' 또는 '고집'이다. 불순종하는 마음의 밑바탕, 즉 태도의 뿌리를 파악하는 것이다.

한자 順從은 순할 順, 따를 從인데 특히 윗사람이나 권위자의 말과 의견에 순순히 따르는 것으로 군대나 직장 상사의 명령과 지시로 인해 억지로 행하는 복종과는 다르다. 순종의 핵심은 '지시를 완수하는 것'이지만 지시는 명령만으로 전달되지 않을 수도 있다. 지시는 구두 요청이나 선호하는 것 혹은 무언의 암시로 전달되기도 한다. 어떻게 전달되었든 순종하는 사람은 자신의 고집을 꺾고 권위자의 뜻과 말하지 않은 소원까지 즉시 기쁘게 존중하도록 노력한다. 순종은 권위자와 그 권위자를 위해서 일하는 사람들 간의 상호 관계를 바탕으로 한다. 순종은 창조성과 자발성을 계발하는 덕목이다.

순종의 정의와 나의 결심

순종: 옹고집

나를 책임진 사람들의 지시와 소원을 즉시 기쁜 태도로 완수하는 것

Obedience vs. Stubbornness: Quickly and cheerfully carrying out the direction and the wishes of those who are responsible for me

나의 결심

- 부모님과 권위자의 말에 즉시 따르겠다.
- 불평 대신에 유쾌한 태도를 보이겠다.
- 지시받은 일은 전부 끝맺겠다.
- 다른 사람을 가르치기 전에 내가 먼저 모범을 보이겠다.
- 지시받지 않은 여분의 일까지 하겠다.

미국 원앙새인 나무오리wood duck는 부화되기 전부터 어미의 소리를 잘 들어야 한다. 부화한 지 24−48시간에 7층 높이의 나무 둥지에서 뛰어내리라는 어미의 명령에 즉시 따르지 않으면 포식동물의 먹이가 된다. 나무오리에게 경청과 순종은 생사의 문제다.

인간 관계에서도 순종은 기본이다. 순종의 핵심은 '지시를 수행하는 것'이다. 지시는 명령으로 전달되지 않을 수도 있다. 지시는 구두 요청이나 무언의 암시로 전해지기도 한다. 어떻게 전달되었든 순종하는 사람은 주장이나 고집을 꺾고 권위자의 뜻을 즉시 기쁘게 존중하도록 노력해야 한다.

보조 덕목

- 용단decisiveness: '용기 있게 결단을 내린다'는 뜻이다. 임무를 맡으면 지시 사항에 따라야 한다. 그러나 예상하지 못한 일이 발생할 경우 용단을 발휘하라. 용단이란 '주요한 요소를 인식하고 어려운 결단을 용기 있게 내리는 것'이다. 당신이 제안할 사항들을 가지고 권위자를 만나라. 권위자를 만날 수 없거나 위급한 상황일 경우에는 당신이 책임지고 결정을 내린 뒤 나중에 그 사실을 보고하고 설명하면 된다.

- 창의력creativity: '새롭고 뛰어난 생각을 해 내는 능력'이다. 권위자는 그 분야에 대해 가장 폭넓은 시각을 지니고 있다. 반면 순종하는 자는 그 분야의 특정 영역에 대해 자세한 통찰력이 있다. 당신의 전문성이 집약되는 영역에서는 창의성을 발휘하는 잠재력이 있다. 창의력이란 '상상력을 통해 새로운 것을 생각하여 현실로 나타내는 능력'이므로 방법과 효율성 그리고 생산품의 질을 개선하도록 창의성을 가지고 일을 수행하라. 에이브러햄 링컨 대통령은 편지 말미에 다음과 같은 문구를 담았다. "당신을 가장 순종하며 섬기는 종 ―링컨."

- 예의 바르게 탄원하라appeal politely: 많은 사람이 권위자의 부당한 지시에도 순종해야 하느냐고 질문한다. 부당한 지시를 거부하는 방법과 태도가 중요하다. 부당한 지시에 대해 합당하게 탄원하는 첫째 단계는 좋은 태도로 호소하는 것이다. 권위자와 합당한 관계를 세우기 전에는 당신의 탄원이 제대로 전달되지 않을 것이다.

 그런데 당신이 지시를 따르면서도 혼자서 불평하거나 동료들에게 불평한다면 참된 순종이 아니다. 반대 의견은 관계가 세워진 다음에만 받아들여질 수 있다. 탄원은 협력하는 마음으로 결정권이 있는 사람에게 직접 해야 한다. 당신의 탄원이 받아들여지지 않아도 불평하지 말고 결정에 순순히 따름으로써 충성심을 증명하면 나중에 설명할 수 있는 기회를 얻을 것이다.

- 권위자의 목표에 순종하라obey your authority's goals: 순종의 목적은 권위자들의 성공을 돕는 것이다. 어떤 일이 발생할 때 어떤 것들이 중요한지 당신이 이해하고 있다는 능력을 증명한다면, 목표를 위한 과제를 처리하는 더 많은 책임이 맡겨질 것이다. 순종을 가르치는 가장 효과적인 방법은 다른 사람이 당신에게 순종해 주기를 기대하기보다 당신 자신이 권위자에게 순종하는 것이다.

순종 이야기

예수님이 열두 살 되던 해에도 그들은 전과 같이 예루살렘으로 올라갔다. 명절이 끝나고 다들 집으로 돌아갈 때 어린 예수님은 예루살렘에 그냥 머물러 있었다. 부모는 이것도 모르고 예수님이 일행 가운데 있으려니 하고 하룻길을 간 후에 친척들과 아는 사람들 가운데서 찾아보았다. 그러나 찾지 못하자 그들은 예수님을 찾으러 예루살렘으로 되돌아갔다.

그들은 3일 후에 성전에서 예수님을 만났다. 그는 선생님들 가운데 앉아서 듣기도 하고 질문도 했는데 그의 말을 들은 사람들은 모두 그의 총명함과 대답하는 말에 감탄했다. 부모도 그를 보고 놀랐다. 이때 예수님의 어머니가 "얘야, 이게 무슨 짓이냐? 네 아버지와 내가 너를 찾느라고 무척이나 애썼단다."라고 하자 예수님은 "왜 나를 찾으셨습니까? 내가 내 아버지의 집에 있어야 한다는 것을 모르셨습니까?" 하고 대답했다. 그러나 부모는 그 말뜻을 깨닫지 못했다. 예수님은 즉시 나사렛으로 돌아가서 부모에게 순종하며 살았고, 그의 어머니는 이 모든 일을 마음에 새겨두었다. 예수님은 지혜와 키가 점점 자라가고 하나님과 사람들에게 더욱 큰 사랑을 받았다.

순종 칭찬하기

당신이 누군가에게 지시한 것은 그 사람을 신뢰한다는 뜻이다. 만일 누군가 근면함을 보여 순종했다면 그에게 당신의 신뢰를 보여 주는 가장 확실한 방법은 칭찬하는 것이다.

〈순종을 칭찬하는 사례〉

직장에서

"내가 지시한 목표와 계획을 동료 직원들에게 즉시 전달해 준 것을 보니 당신이 참으로 순종하는 사람임을 알겠습니다. 정말 감사합니다."

"당신이 하던 일을 즉시 멈추고 내가 맡긴 새로운 임무에 착수한 것을 주목해서 보았습니다. 즉각적인 순종에 감사드립니다."

학교에서

"이번 시험에서 좋은 성적을 받았구나. 선생님의 지시에 잘 순종함으로써 제 시간에 쉽게 끝낼 수 있었던 거야."

"책상과 책을 정리하라는 지시에 순종하는 태도를 보여 주니 고맙다."

가정에서

"너를 불렀을 때 즉시 순종한 덕분에 사고 위험을 피했구나."

"장난감을 정리해 줘서 고맙구나. 네가 순종하니까 내가 잔소리할 필요 없이 단 한 번만 말해도 되겠구나."

한 사람의 품성을 칭찬하면 주변 사람들도 계속 품성을 계발할 수 있도록 동기를 부여받을 것이다. 더 중요한 점은 당신이 좋은 품성을 격려하면 그 사람이 직장과 가정에서 성공하는 자양분이 된다는 것이다.

спасибо 谢谢
GRACIAS
THANK YOU
ありがとうございました MERCI
DANKE धन्यवाद
شكراً OBRIGADO

감사

"감사는 마음의 기억이다."

질 뱁티스트 매시우 Jean Baptiste Massieu

[목적] 일상에서 감사하기

우리는 특히 가까운 가족에게 받은 혜택을 당연한 일로 여기기 쉽다. 가족이 준 혜택을 목록으로 작성하여 감사해야 할 일에 민감성과 경각심을 갖는 훈련이 필요하다. 가족 간에 일어나는 감사할 일들을 각자 제안해 보라. 감사 목록을 만들었으면 당신이 감사해야 할 한 사람 한 사람의 이름 옆에 간단히 메모하라. 3일 안에 적어도 한 사람에게 감사 표시를 해 보라.

라틴어 *gratus*는 '자유, 준비된, 재빨리, 기꺼이 원하는' 등의 의미인데 감사를 받을 만한 사람에게 겉으로 표현하고자 하는 충동심이 일어나는 것이다. 헬라어 *yoo-kar-iss-the-oh*는 다른 사람의 노고에 대해 은총을 잊지 않고 '감사의 마음을 태도로 표시한다'는 뜻이다. 상대방에게 빚을 졌다는 사실에 감동하여 사례로 나타내는 것이다.

역시 감사의 반대를 알면 의미가 분명해진다. 반대어는 '자기중심'인데 '교만함'으로 해석하면 쉽게 이해할 수 있다.

우리 자신과 다른 사람들에게 감사를 표현하고 민감하게 인식하는 것은 최선의 고마움을 표하는 것이다. 감사는 감탄, 승인, 사의를 표현하는 감정이지만 먼저 받은 혜택을 인식하고 사례를 결단하는 의지의 행위이기도 하다. 유감스럽게도 일상에서는 "감사합니다."라는 표현을 즐겨 하지 않는다. 감사를 표하기 위해 특별히 노력하면 상대방에게서 좋은 것을 얻을 뿐 아니라 그에게 신실한 관심을 전달할 수 있다.

감사는 민감성다른 사람들의 태도와 감정을 빠르게 느껴서 아는 것과 경각심예기치 못한 상황에 빠르게 대처하도록 경계하고 조심하는 것을 갖는 데서 시작된다. 우리는 자기중심적인 이기심 때문에 수많은 혜택을 받고도 그냥 지나치는 경향이 있다. 비가 오기 전에는 햇빛을 당연한 것으로 여기듯이 귀한 것을 잃고 나서야 그 가치를 깨닫고 다시 얻기를 바란다.

감사의 정의와 나의 결심

감사: 자기중심

타인이 나에게 준 혜택에 감동하여 말과 행동으로 사례하는 것

Gratefulness vs. Self-centeredness: Rewarding by words and actions for the benefits received from others that touched me

나의 결심

- 타인이 준 혜택을 민감하게 인식하겠다.
- 내가 받은 혜택에 즉시 기쁘게 감사하겠다.
- 상대방의 좋은 품성을 칭찬으로 감사하겠다.
- 어떤 환경에서도 긍정적으로 감사할 일을 찾겠다.
- 나의 책임을 다하고 받은 혜택을 감사 노트에 쓰겠다.

빚을 갚을 가망이 없는 채무자가 엄청난 빚을 탕감받았다면 감사하는 마음이 한없이 솟아날 것이다. 물질적인 것을 받으면 감사하는 마음이 자연스럽게 생기지만 무형의 혜택을 받았을 때는 등한시하기도 한다. 그러나 시간, 노력, 존경은

눈에 보이는 선물보다 훨씬 귀한 것이다.

감사의 열쇠는 타인을 위한 것이다. 감사를 모르는 사람은 자신의 이익만 보며 자신이 되돌려받을 수 있는 경우에만 베푼다. 감사하는 사람은 주변 사람을 돌아보고 자신이 이미 받은 혜택에 감동한다. 다른 사람의 투자와 희생, 헌신을 생각해 보고 감사한 마음을 돌려주는 것이다.

보조 덕목

- 온정warmheartedness: '따뜻한 사랑과 인정'을 의미하며 감사는 당신이 받은 온정을 상대방에게 되돌려주는 은혜의 표시다. 선물로 감사하는 것은 되갚으려는 깊은 마음의 표시다. 온정은 다른 사람이 준 사랑과 관심에 대한 배려다.

- 후함generosity: '인색하지 않고 넉넉한 마음'이다. 감사를 말로만 표현할 뿐 행동으로 나타내지 않으면 안 된다. 감사感謝란 '받은 혜택에 감동感動하여 사례謝禮한다'는 뜻이므로 말과 함께 작은 성의를 행동으로 표시해야 한다. 또한 나에게 무엇을 준 사람에게만 감사한다면 인색한 사람이다. 후함이란 '마음이 넓고 관대하여 타인에게 아낌없이 베푸는 것'이다.

감사 이야기

예수님이 예루살렘으로 가시는 길에 사마리아와 갈릴리 사이를 지나게 되었다. 예수님이 어떤 마을에 들어가자 나병 환자 열 명이 멀리 서서 큰 소리로 "예수 선생님, 우리를 불쌍히 여겨 주십시오." 하고 외쳤다. 예수님은 그들을 보시고 "제사장들에게 가서 너희 몸을 보여라."고 하셨다. 그들은 가는 도중에 몸이 깨끗해졌다. 그들 중 하나가 자기 병이 나은 것을 보고 큰 소리로 하나님을 찬양하며 돌아와 예수님의 발 앞에 엎드려 감사드렸는데 그는 사마리아 사람이었다. 이때 예수님은 "열 사람이 다 깨끗해지지 않았느냐? 그런데 아홉은 어디 있느냐? 이 이방인 말고는 하나님을 찬양하러 돌아온 사람이 없단 말이냐?"라고 하시고, 그에게 "일어나 가거라. 네 믿음이 너를 낫게 했다."라고 하셨다. 신약성경

감사 칭찬하기

당신이 감사하는 것을 보면 당신에게 중요한 것이 무엇인지 알게 된다. 성취나 업적보다는 좋은 품성에 대해 감사하는 것은 감사를 표시한 사람을 격려하는 최고의 방법이다.

⟨감사를 칭찬하는 사례⟩

직장에서

"우리 손님들에게 정중하게 예의를 보여 주셔서 감사합니다. 당신의 친절은 당신이 손님들에게 얼마나 진심으로 고마워하는가를 말해 주고 있습니다."

"직장에서 보여 주는 긍정의 태도에 감사드립니다. 당신의 감사 표시는 당신이 우리 회사에서 일할 기회를 가진 걸 고마워한다는 사실을 말해 주고 있습니다."

학교에서

"내가 설명할 때 네가 특별히 주목해 줘서 고맙구나. 우리가 너희의 교육을 위해 투자한 것에 대해 감사하는 마음은 네가 보여 준 감사 표현으로 알 수 있단다."

가정에서

"너의 형님이 보낸 선물에 대해 감사 카드를 보내는 것은 그분의 호의가 너에게 큰 의미를 준다는 사실을 알려 주는 것이다."

"우리 가족이 생일 파티한 자리를 청소해 줘서 고맙다. 내가 생일 파티를 준비한 것에 대해 네가 진정으로 감사해한다는 마음을 보여 주었구나."

할 수 있는 한 자주 당신의 감사 표시에 상대방의 품성을 포함해야 한다. 사람들이 보여 준 구체적인 품성에 대해 고마워하면 그들의 품성을 더욱 계발하도록 도울 수 있다.

3장

월별 품성 교육 주제

Character Education

● 3월 품성 주제: 존중

Respect

:: 교육 일정

1일 제안 시간 50분 – 강의: 20분, 학생 토론과 나눔: 20분, 마무리: 10분

[1주]

1일: 주제 품성과 덕목의 뜻을 설명한 후 그룹별로 토론한다.

2일: 품성의 정의와 나의 결심을 설명하고 암송영어 포함한다. 내일의 숙제를 상기시킨다.

3일: 품성의 정의와 나의 결심을 암송했는지 확인한다. 매일 시작할 때 암송한다.

[숙제] 각자 집에서 품성 이야기를 소리 내어 읽고 내용을 세 줄로 요약한 다음, 이야기에 나타난 덕목을 파악하여 나의 소감을 세 줄로 정리한다. 그것을 바탕으로 두 사람씩 짝을 지어 깨달은 점을 나눈다.

4일: 주제 품성에 관련된 정의와 나의 결심, 격언 또는 명언을 포함한 포스터를 만들어 교실이나 복도에 게시한다.

5일: 주제 품성을 실천하는 모범을 보여 신문, 방송, 잡지에 소개된 사람과 위인, 영웅 이야기를 사진과 함께 스크랩하여 학급에서 발표한다.

[2주]

1일: 주제 품성에 따른 봉사 활동을 생각해 내고 정리한 후에 실행 방법을 작성한다.

2일: 주제 품성을 가정에서 부모님께 실천할 수 있는 사례를 생각해 내고 작성하여 학급에서 나눈다.

3일: 학급에서 나눈 주제 품성을 정리한 후 부모님께 실천하겠다는 편지를 써서 부모님께 드린다.

4일: 주제 품성을 학교에서 선생님 또는 교직원들에게 실천할 수 있는 방법을 생각해 내고 포스터로 만들어 교실이나 복도에 게시한다.

5일: 주제 품성을 같은 학급 친구들이 실천할 수 있는 방법을 생각해 내고 포스터로 만들어 교실에 게시한다.

[3주]

1일: 주제 품성을 선생님 또는 교직원이 학생들에게 실천할 수 있는 방법을 생각해 내고 포스터를 만들어 복도에 게시한다.

2일: 주제 품성을 부모님이 아이들에게 실천할 수 있는 방법을 생각해 내고 포스터를 만들어 가정의 적당한 곳에 게시한다.

3일: 아이들이 가정에서 부모님께 주제 품성을 잘 실천한 사례를 적고 학급에서 나눈다.

4일: 학생들이 학교에서 선생님께 주제 품성을 잘 실천한 사례를 적고 학급에서 나눈다.

5일: 학생들이 학급에서 친구들에게 주제 품성을 잘 실천한 사례를 적고 학급에서 나눈다.

[4주]

1일: 주제 품성의 정의와 나의 결심 암기 대회를 학급에서 실시하고 품성 칭찬을 한다.

2일: 주제 품성의 봉사 활동을 성공리에 실시한 사례를 나누고 축하한다.

3일: 주제 품성을 실행한 선생님 또는 교직원에게 "좋은 OO 품성의 모범" 상장을 수여한다.

"다른 사람이 나에게 행하기를
바라는 것처럼 다른 사람에게 행하라."
플라톤

[목적] 개인과 이웃과 사회의 유익을 위해 공헌하고 인류의 존귀함을 확인해 주는 보편의 가치와 미덕은 존중과 책임에서 비롯된다. 우리의 아이나 학생들이 이러한 핵심 덕목을 깨닫도록 돕는다면 다른 가치들을 더 빨리 쉽게 이해할 것이다. 이번 달의 목적은 우리 아이나 학생들이 생활에서 존중을 실행하도록 이끄는 것이다. 존중은 사람이나 어떤 것의 가치에 대해 존경심을 보여 준다는 의미다.

존중은 나 자신에 대한 존중, 모든 사람의 권리와 존귀함에 대한 존중, 모든 생명을 유지하는 자연 환경에 대한 존중을 포함한다. 존중은 도덕적으로 억제하는 것이고 가치 있게 여기는 것에 손상을 주지 않도록 우리 자신을 지켜 준다. 리코나 교수 상호 존중은 조화로운 삶을 이루는 방법이고, 존중은 다른 사람에게 거저 주는 것이다. 자신이 존중받으려면 그만한 노력을 해야 한다.

존중의 정의와 나의 결심

존중: 무시

나 자신을 포함하여 모든 사람을 존귀하게 대하는 것

Respect vs. Disrespect: Treating everyone including myself with dignity

나의 결심

- 개인의 존엄성, 재산과 권리를 가치 있게 여기겠다.
- 권위자와 연장자의 충고를 잘 수용하겠다.
- 내가 대접받고자 하는 대로 남을 대접하겠다.
- 생명체가 있는 동식물이나 자연환경을 보호하겠다.
- 나 자신이 존중받기 위해 품위를 지키겠다.

보조 덕목

- 수용성acceptance: '남의 요청이나 제안을 받아들여서 자기 것으로 삼는 일'이다. 누군가를 있는 그대로 인정하고 개인의 가치와 권리에 동의하는 것을 의미한다.

- 배려consideration, caring: 상대방에게 관심을 가지고 여러 가지로 마음을 써서 도와주거나 보살펴 주는 것이다. 자애심친절과 사랑으로 상대방의 입장을 잘 이해하여 결점도 받아들여야 한다.

- 관용tolerance: '남의 잘못을 너그럽게 받아들이거나 용서하는 것'이다. 품성의 정의에서 '개인의 가치와 권리를 인정하여 상대방을 너그럽게 받아들이는 것'이라는 의미에서 중요한 가치로 여기지만 '어떤 사람에 대해 참고 견디고 그냥 넘어가 준다'는 부정의 의미도 있다. 수용은 관용보다 훨씬 더 긍

정적인 의미다. 나와 의견을 달리하는 사람의 권리를 인정하고 그들의 의견을 타당한 것으로 받아들이는 자세다.

존중에 관한 토론과 질문

- 친구들의 장난감이나 소유물을 사용한 후 자신의 물건처럼 잘 간수합니까? 이렇게 하는 것이 왜 중요한가요?

- 자기 자신과 다른 사람에게 존중을 표시하는 말이나 행동에는 어떤 것이 있나요? 속된 말 하지 않기, 예의 바른 말 하기, 감사 표시하기, 친절한 말 하기 등

- 내가 잘못 대우받은 일에 대해 슬프거나 화가 날 때, 내가 다른 사람을 어떻게 대해야 하는지에 대해 배울 점은 무엇인가? 황금률

- 지구에 대해 어떻게 존중을 보여 줄 수 있는가? 꽃이나 나무를 훼손하지 않기, 물을 아껴 쓰고 쓰레기를 함부로 버리지 않기

- 어떤 사람이 놀림당하는 것을 보면 놀리는 사람에게 항의하며 그만두라고 말하는가? 그렇게 하는 것이 왜 중요한가?

- 우리가 사용하는 말은 우리 자신을 존중하거나 좋아한다는 사실을 어떻게 보여 주는가? 우리가 사용하는 말은 우리의 인격을 어떻게 나타내는가?

- 가십이란 무엇인가?

- 어떤 사람이 다른 사람에 대해 험담하는 소리를 들으면 어떻게 해야 하는가?

- 서로 예의를 다하는 것이 왜 중요한가? 당신은 선생님, 가게 점원, 만나는 사람 등 모든 사람에게 예의를 갖추는가?

- 식탁 예절은 왜 중요한가? 좋은 식탁 예절은 어떤 것인가?

- 지난 며칠 동안 당신이 지구를 존중한 일은 어떤 것인가?

- 자아 존중의 예를 들어보라.

- 청결, 운동, 건강한 음식 섭취, 바른 언어 등 일상생활의 매너가 자아존중

감을 나타낸다고 생각하는가?

황금률

"다른 사람의 마음을 상하게 하지 마라. 너 자신이 고통받을 것이다." 석가모니

"당신 이웃의 이익을 자신의 이익으로 여기고 당신 이웃의 손해를 자신의 손
해로 여겨라." 무명씨

"당신에게 해로운 것을 당신의 친구에게 행하지 마라. 이것이 모든 법이며 그
외는 해설이다." 탈무드

"다른 사람이 당신에게 행하기를 원하는 것처럼 다른 사람에게 행하라." 성경

위인 이야기

에이브러햄 링컨Abraham Lincoln, 1809-1865

미국 켄터키 주 하딘 카운티 농장의 통나무집에서 태어
난 링컨은 어렸을 때부터 힘든 일도 마다하지 않으며 강하
게 자랐다. 소년 시절 작은 가게에서 일할 때부터 동네 사
람들의 눈에 띌 정도였다. 그 후 링컨은 레슬링 선수, 토론
자, 군대 지휘관, 정치인으로 다양한 능력을 쌓아갔다. 미
국의 16대 대통령이며 남북전쟁을 주도한 링컨은 노예 해방, 게티즈버그 연설,
대통령 취임 연설 등으로 영원한 신화를 남겼다. 그는 평생 동안 사람을 증오할
줄 몰랐으며 대통령 재임 시에는 남북을 연합하고 노예를 해방하는 데 헌신했다.
또한 적을 존중하고 이해하며 용서와 친절의 모범을 보였다.

골다 메이어 Golda Meir, 1898-1978

우크라이나의 키예프에서 태어나 1906년 미국 위스콘신 주 밀워키로 가족이

이민을 갔다. 그녀는 그 지역의 교육대학을 졸업한 후 공립 학교에서 교사 생활을 하다가 1921년 팔레스타인으로 돌아가 유대인 집단 농장인 키부츠 머차비아의 회원으로 가입했다. 1929년에는 세계 시온주의 운동 기구에서 맹활약을 했으며, 다수의 유대인 기관 및 협회에 참여했다. 1956-1966년에는 이스라엘의 외무장관을 역임했으며, 1969-1974년에는 수상을 지냈다. 골다 메이어는 유대인 국가로 독립하기 위해 투쟁한 개척자로서 이스라엘 역사의 가장 위대한 여성으로 존경받고 있다. 그녀는 1970년대 초 아랍 국가와 평화 협정을 이끌어 내는 데 큰 역할을 했다.

존중 실행하기

- 황금률을 실천하라.
- 친절한 말과 행동을 실천하라.
- "실례합니다.", "감사합니다."라고 말하는 습관을 지녀라.
- 다른 사람을 성가시게 하거나 놀리지 말아야 하는 이유를 설명하고 친구들이 그렇게 하지 않도록 장려하라.
- 자신이나 다른 사람이 실수했을 때 인내하라.
- 어떤 것이 좋은 매너인지 부모님과 토론해 보라.
- 식사 매너를 연습하라.
- 남의 험담을 하지 않도록 주의하라.
- 욕설을 하지 않도록 노력하라.
- 모든 사람에게 예의를 다하라.
- 어른에게 자신을 잘 소개하는 법을 배워라.
- 수업 시간에 질문하려면 먼저 손을 들어 선생님의 허락을 받아라.

지역 봉사 아이디어

- 요양원을 방문하여 꽃이나 작은 선물, 노래, 이야기로 어른들을 위로하라.
- 다문화 가정에 대해 배우고 다문화 가정의 아이들과 어울려라.
- 지역 사회 지도자들에게 존중의 편지로 감사 표시를 하라.
- 신체장애인들에 대해 배우고 그들을 위한 봉사 활동을 하라.
- 공원 또는 기타 공공 시설을 청소하라.
- 인근의 학교를 섭외하여 존중의 뜻과 가치를 나누어 보라.
- 다문화 가정의 아이 또는 신체장애인 가정의 아이들을 위한 장학금 모금 운동을 하라.
- 지역 사회를 위해 섬기는 사람들 청소부, 경찰관, 교사, 우체부 등에게 감사 편지를 보내라.
- 존중의 메시지를 담은 포스터를 만들어 지역의 공공 센터, 도서관, 슈퍼마켓에 전시하라.

존중에 관한 글 읽기

[숙제] 아래의 글을 읽고 다음과 같은 단계별 질문에 따라 1페이지 이내로 요약하라.

제목　　＿＿＿＿＿＿＿＿＿＿＿＿＿＿＿＿＿＿＿＿＿＿＿＿＿＿＿

저자　　＿＿＿＿＿＿＿＿＿＿＿＿＿＿＿＿＿＿＿＿＿＿＿＿＿＿＿

1. 저자가 이 글을 쓴 목적

＿＿＿＿＿＿＿＿＿＿＿＿＿＿＿＿＿＿＿＿＿＿＿＿＿＿＿＿＿＿＿＿＿

＿＿＿＿＿＿＿＿＿＿＿＿＿＿＿＿＿＿＿＿＿＿＿＿＿＿＿＿＿＿＿＿＿

＿＿＿＿＿＿＿＿＿＿＿＿＿＿＿＿＿＿＿＿＿＿＿＿＿＿＿＿＿＿＿＿＿

2. 줄거리

_____

_____

_____

3. 글을 읽기 전과 후에 생각이 달라진 점은 무엇인가?

_____

_____

_____

4. 글을 읽은 후 나의 결심

_____

_____

_____

어머니가 만들어 준 모자 The cap that mother made[5]

이 스웨덴 이야기가 말해 주는 것처럼 우리는 어머니가 만들어 준 소박한 모자 하나에도 애착을 느끼며 충성과 존중심을 표현하는데, 이것은 매우 중요한 요소다.

· · ·

앤더스는 매우 훌륭하고 멋진 모자가 있었다. 이 세상에서 그렇게 멋진 모자

---

5 캐롤린 셔윈 베일리(Carolyn Sherwin Bailey), 출처: William J. Bennett, 최홍규 옮김, 『미덕의 책 2』(*The Book of Virtue*).

는 본 적이 없을 것이다. 그 모자는 앤더스의 어머니가 직접 만들어 주셨는데, 아무도 그의 어머니처럼 만들 수는 없기 때문이다. 모자의 중간 부분이 초록색인 것은 앤더스의 어머니가 빨간색 뜨개실을 다 써버렸기 때문이다. 그 부분을 제외하고는 빨간색이며, 장식용 술만 파란색이다.

앤더스는 집안을 한 바퀴 돌며 새 모자를 부러워하는 누나와 형들에게 자랑했다. 그러고는 양손을 호주머니에 넣은 채 집 밖으로 나갔다. 어머니가 얼마나 훌륭한 모자를 만들었는지 모든 사람에게 알려 주고 싶어서였다.

앤더스가 만난 첫 번째 사람은 나무를 잔뜩 실은 마차와 나란히 길 아래로 내려오는 농부였다. 농부는 앞으로 고꾸라져 넘어질 것처럼 허리를 굽히면서 명랑한 목소리로 불렀다.

"어이, 앤더스! 네가 그처럼 멋진 모자를 쓰고 있어서 공작님이나 왕자님인 줄 알았어. 나와 함께 마차를 타고 가지 않을래?"

그러나 앤더스는 예의 바르게 웃으며 고개를 젓고는 머리를 높이 쳐들고 뽐내듯이 걸어갔다.

이번에는 길모퉁이에서 무두장이의 아들 라스를 만났다. 높은 부츠를 신은 데다 몸집이 매우 큰 라스는 주머니칼을 가지고 있었다. 그는 발걸음을 멈추고 입을 딱 벌린 채 멍하니 앤더스의 모자를 바라보았다. 결국은 호기심을 억누르지 못하고 가까이 다가와 파란색 장식용 술을 만져 보았다.

"야, 앤더스! 내 모자랑 바꾸자. 내 주머니칼도 줄게."

평상시 앤더스는 그 칼을 보고 감탄했지만 어머니가 만든 새 모자에는 미치지 못했다.

"아니, 안 할래. 이 모자와 바꿀 수는 없어."

그러곤 머리를 끄덕여 인사하고 계속 걸어갔다.

다음에는 스커트가 풍선처럼 보일 정도로 인사하는 노인을 만났다.

"마치 꼬마 신사 같구나. 왕의 무도회에 가도 되겠는걸."

그 순간 앤더스는 '아, 맞아! 내가 왜 그 생각을 못 했지? 그래, 난 모든 사람에게 멋지게 보이니까 왕을 만나도 괜찮을 거야.' 하고 왕을 만나러 갔다.

궁전 마당에는 번쩍이는 철모를 쓰고 구식 소총을 어깨에 맨 병사 둘이 서 있었다. 앤더스가 정문에 도착했을 때, 소총 두 자루가 앞을 막았다.

"너 지금 어디 가려는 거야?"

병사 중 한 명이 물었다.

"난 지금 왕의 무도회에 가는 중이오."

앤더스가 대답하자 다른 병사가 발을 내딛고 가로막으며 말했다.

"안 돼. 넌 들어갈 수 없어. 예복을 입지 않으면 아무도 무도회에 들어갈 수 없단 말이야."

바로 그 순간, 공주가 뜰을 가로질러 경쾌하게 걸어 나왔다. 그녀는 황금실로 리본 모양의 수를 놓은 하얀 실크 드레스를 입고 있었다.

"이 소년이 예복을 입지 않은 건 사실이야. 하지만 멋진 모자를 쓰고 있잖아? 그러면 충분하지 않을까?"

그러고는 앤더스의 손을 잡고 병사들이 줄지어 서 있는 대리석 계단을 올라갔다. 비단 옷과 벨벳 옷을 차려입은 궁전 신하들이 앤더스와 공주가 지나갈 때마다 머리를 조아렸다. 앤더스의 모자를 보고 의심할 여지 없이 왕자라고 생각했기 때문이다.

가장 큰 홀의 맨 끝에 있는 테이블에 황금색 컵과 접시가 길게 놓여 있었다. 커다란 은접시 위에는 파이와 케이크가 놓여 있고, 빛나는 잔에 든 빨간 포도주는 사람들의 손길을 기다리고 있었다. 공주가 그 긴 테이블의 상석에 앉고는 앤더스를 옆에 있는 황금 의자에 앉혔다.

"식사할 때는 모자를 벗도록 해요."

그녀가 모자를 벗기기 위해 손을 내밀면서 말했다.

"아, 예, 저는 모자를 쓰고서도 식사를 잘할 수 있습니다."

앤더스가 모자를 꼭 붙잡으며 말했다. 그들이 모자를 낚아채기라도 한다면 이 제 더 이상 자신을 왕자라고 믿지 않을 것 같았기 때문이다. 모자를 되돌려 받을 거라는 확신도 없었다.

"으흠, 그걸 나한테 줘요. 그러면 내가 당신에게 키스해 주겠어요."

공주는 정말 아름다웠다. 앤더스는 그녀에게 키스를 받고 싶었다. 그렇지만 세상에 있는 어떤 것과도 어머니가 만들어 준 모자와 바꿀 수 없었다. 앤더스는 고개를 가로저을 뿐이었다. 공주는 앤더스의 주머니에 과자를 가득 넣어 주고, 자신의 금 목걸이를 목에 감아 주며 허리를 굽혀 키스했다.

"이제 내게 그 모자를 주면 어떻겠어요?"

그러나 앤더스는 단지 조금 물러나 앉을 뿐 모자에서 두 손을 떼지 않았다.

그때 갑자기 문이 활짝 열리며 왕이 번쩍이는 화려한 옷을 입고 깃털 장식 모 자를 쓴 신하들을 거느린 채 홀 안으로 들어왔다. 왕은 길게 퍼져 바닥에 질질 끌 리는 자줏빛 망토를 걸치고 있었고, 곱슬곱슬한 하얀 머리 위에는 커다란 금관을 쓰고 있었다. 공주의 금 목걸이를 목에 건 앤더스를 보자 입가에 미소가 흘렀다.

"모자가 아주 훌륭해 보이는구나."

앤더스는 왕의 도움을 바라며 입을 열었다.

"예, 고맙습니다. 어머니께서 가장 좋은 실로 떠 주신 모자입니다. 하지만 보 는 사람들마다 이 모자를 빼앗아 가려고 합니다."

"그렇지만 내 왕관과는 바꿀 수 있겠지? 이건 네 모자와 바꿔도 될 만한 가치 가 있으니까."

왕은 머리에서 무거운 왕관을 들어올렸다. 앤더스는 한 마리 생쥐처럼 조용히 있었다. 숨소리조차 죽인 채 빨간 모자를 꼭 잡을 뿐이었다. 왕이 양손에 금관을 들고 조심스럽게 다가오자 깜짝 놀라서 다시 한 번 모자를 꼭 움켜쥐었다. 앤더 스가 경계하지 않았다면 왕이 모자를 움켜잡았을지도 모른다. 왕은 하고 싶은 일 은 무엇이든 할 수 있기 때문이다.

앤더스는 점프하여 앉아 있던 의자에서 튕겨져 나왔다. 마치 날아가는 화살처럼 아름다운 홀들을 뚫고 대리석 계단을 뛰어내려가 궁정 뜰을 가로질러 뒤도 한 번 돌아보지 않고 달렸다. 신하들이 쫙 내뻗은 양팔 사이로 뱀장어처럼 몸을 틀고 병사들의 소총 위로 작은 토끼처럼 뛰어올랐다. 어느 순간 금 목걸이가 바닥으로 떨어져 나가고 호주머니에서 과자들이 튕겨져 나와 이리저리 굴렀다. 그러나 모자는 아직도 머리 위에 있었다. 다른 것이야 어찌되었든 머리에는 여전히 모자가 있었다. 앤더스는 시골집으로 달려가면서도 두 손으로 모자를 꽉 움켜잡았다.

"아니, 앤더스, 너 어디 갔다가 이제 오는 거니?"

어머니가 물었다. 그러자 어머니의 무릎에 올라타고는 오늘 겪은 모든 모험을, 모든 사람이 빨간 모자를 얼마나 원하는지를 얘기했다. 형과 누나들은 입을 다물지 못했다. 앤더스가 모자를 왕의 금관과 바꾸지 않았다는 이야기를 듣자 큰형은 휘파람을 불며 큰 소리로 말했다.

"이 바보야, 그 왕관을 팔면 새집도 사고 말이 달린 마차와 강에서 놀 수 있는 큰 배도 살 수 있었을 텐데…. 게다가 모자 같은 건 아무데서나 살 수 있잖아. 자줏빛 깃 장식이 달린 근사한 새 모자로 말이야!"

앤더스는 전혀 해 보지 않은 생각이었다. 부끄러움으로 얼굴이 온통 새빨개져서는 양팔을 어머니의 목에 감고 말했다.

"엄마! 정말 제가 바보 같은 짓을 한 건가요?"

어머니는 앤더스를 꼭 껴안으며 키스했다.

"아니다, 사랑스러운 내 아들아. 네가 머리끝부터 발끝까지 금빛 옷과 모자를 차려입는다면 내가 어떻게 너를 알아보겠니?"

그때서야 앤더스는 마음이 좀 풀렸다. 그리고 생각했다. 역시 어머니가 떠 주신 이 모자가 세상에서 가장 훌륭하다고….

Character Education

● 4월 품성 주제: 책임

Responsibility

~~~
:: 교육 일정
1일 제안 시간 50분 – 강의: 20분, 학생 토론과 나눔: 20분, 마무리: 10분


[1주]

1일: 주제 품성과 덕목의 뜻을 설명한 후 그룹별로 토론한다.

2일: 품성의 정의와 나의 결심을 설명하고 암송영어 포함한다. 내일의 숙제
　　를 상기시킨다.

3일: 품성의 정의와 나의 결심을 암송했는지 확인한다. 매일 시작할 때
　　암송한다.

　　[숙제] 각자 집에서 품성 이야기를 소리 내어 읽고 내용을 세 줄로 요약
　　한 다음, 이야기에 나타난 덕목을 파악하여 나의 소감을 세 줄로 정리
　　한다. 그것을 바탕으로 두 사람씩 짝을 지어 깨달은 점을 나눈다.

4일: 주제 품성에 관련된 정의와 나의 결심, 격언 또는 명언을 포함한 포
　　스터를 만들어 교실이나 복도에 게시한다.

5일: 주제 품성을 실천하는 모범을 보여 신문, 방송, 잡지에 소개된 사람
　　과 위인, 영웅 이야기를 사진과 함께 스크랩하여 학급에서 발표한다.


[2주]

1일: 주제 품성에 따른 봉사 활동을 생각해 내고 정리한 후에 실행 방법
　　을 작성한다.

2일: 주제 품성을 가정에서 부모님께 실천할 수 있는 사례를 생각해 내고
　　작성하여 학급에서 나눈다.
~~~

3일: 학급에서 나눈 주제 품성을 정리한 후 부모님께 실천하겠다는 편지를 써서 부모님께 드린다.

4일: 주제 품성을 학교에서 선생님 또는 교직원들에게 실천할 수 있는 방법을 생각해 내고 포스터로 만들어 교실이나 복도에 게시한다.

5일: 주제 품성을 같은 학급 친구들이 실천할 수 있는 방법을 생각해 내고 포스터로 만들어 교실에 게시한다.

[3주]

1일: 주제 품성을 선생님 또는 교직원이 학생들에게 실천할 수 있는 방법을 생각해 내고 포스터를 만들어 복도에 게시한다.

2일: 주제 품성을 부모님이 아이들에게 실천할 수 있는 방법을 생각해 내고 포스터를 만들어 가정의 적당한 곳에 게시한다.

3일: 아이들이 가정에서 부모님께 주제 품성을 잘 실천한 사례를 적고 학급에서 나눈다.

4일: 학생들이 학교에서 선생님께 주제 품성을 잘 실천한 사례를 적고 학급에서 나눈다.

5일: 학생들이 학급에서 친구들에게 주제 품성을 잘 실천한 사례를 적고 학급에서 나눈다.

[4주]

1일: 주제 품성의 정의와 나의 결심 암기 대회를 학급에서 실시하고 품성 칭찬을 한다.

2일: 주제 품성의 봉사 활동을 성공리에 실시한 사례를 나누고 축하한다.

3일: 주제 품성을 실행한 선생님 또는 교직원에게 "좋은 OO 품성의 모범" 상장을 수여한다.

4일: 주제 품성의 모범을 잘 보인 학급 친구들에게 "좋은 OO 품성의 모범" 상장을 수여한다.

5일: 주제 품성 실천을 통해 얻은 다양한 결과를 이야기로 정리하여 교사, 부모, 학생들에게 배부한다.

"모든 권리에는 책임이 뒤따른다."

Lewis Schwellenbach

[목적] 존중과 함께 책임도 다양한 주제로 나타나는 핵심 가치다. 리코나 교수의 광의적 정의는 우리가 나중에 고려할 다른 가치들과 연결되어 있다. 여기서 강조하는 것은 책임과 믿음직함이다. 존중과 책임에 관련된 수많은 가치가 있기 때문에 이러한 가치를 잘 이해하는 것은 존중과 책임 두 가지를 얼마나 잘 배우는가에 달렸다. 이번 달의 목표는 모든 학생이 존중과 책임을 중심 품성 덕목으로 삼는 것이다.

영어의 responsible은 두 개의 라틴어에서 유래되었다. *responsum*은 '대답' '응답'이란 뜻이고, *spondere*는 '약속하다'라는 의미다. 책임감은 약속한 대로 응답한다는 말이다.

실제로 약속을 잘 지키면 신뢰를 얻고 더 큰 책임을 맡는다. 책임감 있는 사람이라는 평판을 얻으면 경제적 성공이나 학업 성취 같은 보상이 따른다. 책임이란 자신의 능력 안에서 어떤 것에 대해 해명하고 대답할 수 있음을 뜻한다. 토마스 리코나 교수는 책임을 도덕의 능동적인 면이라고 정의한다. "책임은 나 자신과 타인을 돌보고 우리의 의무를 다하며, 우리 사회에 공헌하고, 다른 사람의 고통을 없애 주며, 더 좋은 세상을 만드는 것을 말한다."

책임의 정의와 나의 결심

책임: 믿을 수 없음

나의 의무를 다하고 나의 행동을 감당하는 것

Responsibility vs. Unreliability: Taking care of my duties and answering for my behavior

나의 결심

- 내가 말한 약속을 지키고 처신을 잘하겠다.
- 남의 탓이나 변명을 하지 않겠다.
- 나의 일과 의무를 완수하여 신뢰를 얻겠다.
- 나의 잘못을 바로잡아 관계를 회복하겠다.
- 나의 권리를 주장하기 전에 의무를 다하겠다.

흰머리독수리는 평생 동안 짝에게 책임을 다하고 새끼들에게 헌신하기 때문에 미국의 경우처럼 많은 국가의 고귀한 상징이 된다. 미국은 1900년대 초 흰머리독수리가 감소하자 멸종위기종으로 지정했다. 그러나 책임 있는 새끼 양육으로 흰머리독수리가 점점 증가하고 있다.

보조 덕목

- 자기 수련 self-discipline: '자신을 위해 스스로 몸과 마음을 닦아 기르는 것'

이다. 즉 자기 계발을 염두에 두고 자제하는 훈련이다. 운동선수, 예술가나 음악가들이 많이 사용하는 자질인데 당연히 학생들도 익혀야 한다. 자제력 self-control같이 중요한 의미를 지니고 있기 때문이다. 우리는 개인의 행복과 사회 화합을 위해 자제력을 발휘하여 적절히 행동하고 말할 필요가 있다.

• 믿음직함reliability: '사람의 행동이나 태도가 성실하여 믿을 만한 것'이다. 모든 책임을 다하고 끝까지 최선을 다하는 사람이라는 신뢰성을 뜻한다. 우리의 말이 신뢰할 만하고, 우리가 성취하는 것이 믿음직하며, 우리의 평가가 정확하고, 우리가 정직하게 처신하는 것을 말한다.

책임에 관한 토론과 질문

• 아이의 믿음직함을 부모가 신뢰하는 것은 중요한가?
• 당신이 화가 나서 욕하고 싶을 때 자제력을 발휘할 수 있는가? 이것이 왜 중요한가?
• 당신은 항상 최선을 다하고 진실을 말하며 좋은 친구임을 사람들이 믿는가?
• '속된 말'은 왜 무책임한 행위로 여겨지는가?
• 사람들이 왜 욕을 하는가?
• 분노나 고통 또는 놀라움을 적절히 표현하려면 어떻게 해야 하나?
• 어떤 상황이 절제하기 힘든가?

■ 책임의 덕목을 세우는 간단한 이야기를 소리 내어 읽거나 다른 사람에게 읽어 주어라.

진주만의 굴 The oyster of Pu'uloa [6]

아주 옛날에 도마뱀처럼 생긴 리자드 물고기가 먼 나라 타히티에서 하와이로 특별한 굴을 가져와 진주만에 심었다. 보호 구역으로 지정된 항구에서 굴은 자라났다. 보호 규정에 따르면 이 지역에서는 1년 중 특정 시기에만 굴을 채취할 수 있  었다. 이런 식으로 굴을 양식하여 많은 사람에게 먹거리를 제공할 수 있었다.

어느 날 여인이 바구니에 파래를 담고 있었다. 여인이 여기저기 헤치며 조금씩 파래를 건지다가 작은 구멍에 손을 넣었는데 굴이 닿았다. 여인은 보호 규정에 따라 굴을 채취할 수 없는 시기라는 걸 알았기에 혹시 누군가가 자기를 보는지 사방을 둘러보곤 굴을 따서 바구니의 파래 밑에 숨겼다. 그렇게 좋아하는 굴을 계속 찾아 나갔다. 그런데 굴따기를 끝냈을 때 그 지역 감시관이 나타나 바구니를 검사했다. 여인은 바구니에 파래밖에 없다고 말했다. 하지만 감시관이 직접 바구니 밑에 숨겨놓은 굴을 발견하고 화를 내면서 "보호 규정을 위반했으므로 처벌을 받아야 한다."라고 소리쳤다.

감시관은 여인의 바구니에 있는 것들을 바다에 전부 쏟아부은 뒤 바구니를 박살내며 "당신은 아무것도 없이 빈손으로 떠나라."고 명령했다.

여인은 자신이 잘못했으므로 처벌을 받아 마땅한 것도 알았다. 그녀는 자신의 행위를 부끄럽게 여기며 매우 언짢은 기분으로 집을 향해 걸어갔다.

그런데 감시관이 따라와서 "당신은 내게 돈을 내야 한다. 이것도 보호 규정을 위반한 벌칙이다."라고 말했다.

여인은 벌은 충분히 받았다고 느껴 거부했지만 감독관이 벌금을 내라고 강요

---

6 출처: J. Heidel and M. L. Mersereau, Character Education Grades K-6, Year 1 : 1999.

하자 결국 단 하나 남은 동전을 주었다.

리자드 물고기는 여인이 두 번씩이나 벌을 받아야 할 사건이 아니라고 생각해서 화를 내며 진주 굴을 모조리 가져다가 다시 타히티에 심었다. 이것이 바로 진주다. 무책임한 여인과 감독관 때문에 진주만에서 진주가 사라져 버린 것이다.

황금률

"인생은 약속이니 실천하라."

마더 테레사

"인생은 선물인 동시에 특권과 기회, 책임을 제공한다."

앤서니 라빈스

"당신의 아이가 두 발로 서기를 원하면 그들의 어깨에 책임도 얹어 줘라."

애버게일 밴 뷰렌

위인 이야기

엘리너 루즈벨트 Eleanor Roosevelt, 1884-1962

뉴욕에서 태어난 엘리너는 대단히 힘든 어린 시절을 보냈다. 어렸을 때 알코올 중독자 아버지와 정신지체 어머니가 세상을 떠났기 때문에 외할머니와 함께 살았다. 성인이 되어서는 독신을 결심하고 사회 사업에 뛰어들었으며, 1905년에 사촌인 프랭클린 루즈벨트와 결혼했다. 훗날 퍼스트레이디가 되어서도 사회 사업에 계속 관심을 쏟았고 시민 사회와 책임 있는 국가를 위해 모범을 보였다. 프랭클린 대통령이 사망한 후에도 유엔 산하 인권위원회에서 봉사했는데, 1948년 유엔이 채택한 인권선언문을 발의하는 일에 중요한 책임을 다했다. 케네디 대통령 시절에는 평화봉사단의 자문으로 일했으며 대통령 직할 여성인권위원회 위원장의 책임을 맡았다.

책임 실행하기

- 지시를 받기 전에 스스로 방을 청소하라.

- 쓰레기를 버리고 물건들을 정리하라.

- 화가 날 때 자제력을 발휘하라.

- 점심 후에 뒷정리를 잘하고 친구들도 뒷정리를 하도록 격려하라.

- 학교에서는 모든 과제를 끝내고 귀가해서는 집안일을 거들어라.

- 지시를 받기 전에 집안일을 하라.

- 집에서나 동네에서 '과외 일'을 찾아서 하라.

- 공원 청소 계획을 세워라.

- 약속을 지켜라.

- 화를 적합한 말과 행동으로 표시하라.

- 당신이 가입한 클럽, 운동팀, 위원회와 단체에 헌신한 것을 지켜라.

- 지역 사회에서 봉사 활동을 하라.

지역 봉사 아이디어

: 교사가 미리 아이디어를 연구한 후 학급에서 학생들이 그룹으로 작성한다.

- 학생들이 신문지나 재활용품을 수거해 판매한 수익금을 불우 아동을 위해 기부한다.

- 지역 사회에서 학생들이 책임질 규칙을 열거하고 실천한다.

책임에 관한 글 읽기

[숙제] 아래의 글을 읽고 다음과 같은 단계별 질문에 따라 1페이지 이내로 요약하라.

제목 _____

저자 _____

1. 저자가 이 글을 쓴 목적

_____

_____

_____

2. 줄거리

_____

_____

_____

3. 글을 읽기 전과 후에 생각이 달라진 점은 무엇인가?

_____

_____

_____

4. 글을 읽은 후 나의 결심

_____

_____

_____

성 조지와 드래곤 St. George and the dragon[7]

성 조지는 기사의 책임과 임무를 인식하고 어디엔가 있을 고난과 두려움을 찾아 길을 떠난다. 그의 이야기는 선한 양심을 지닌 기사가 남을 위해 희생하는 모습을 보여 준다. 성 조지처럼 남에게 도움을 주기 위해 자신의 몸을 아끼지 않는 사람을 기사, 성자, 박애주의자 혹은 목사, 교사, 경찰, 부모라고 부른다.

• • •

아주 오래 전 조지라는 기사가 있었다. 그는 다른 어떤 기사보다 용감하고 고귀하며 친절하고 선한 마음씨를 지니고 있어 모두 그를 "성자 조지"라고 불렀다. 그가 사는 성에는 도둑 하나 얼씬거리지 않았고 사람들을 위협하는 야생동물조차 없어서 어린아이들이 숲 속에서도 안심하고 놀 수 있었다.

그러던 어느 날, 성 조지는 성 밖으로 말을 타고 나가 민심을 파악하기로 했다. 밭에서는 남자들이 열심히 일하고, 집 안에서는 아낙네들이 노래를 부르며 음식을 만들고, 골목에서는 아이들이 즐겁게 뛰어놀고 있었다. 그 모습을 지켜보던 성 조지는 혼자 중얼거렸다.

"이곳 사람들은 모두 안전하고 행복하게 살고 있다. 이제 내가 떠나야 할 때가 온 것 같다. 세상 어딘가에는 내 도움이 필요한 사람들이 있을 것이다. 아이들이 맘 놓고 놀지 못하고 여자들이 불안에 떠는 곳, 아니면 괴물이 있는 곳으로 가야겠다. 내가 기사의 도리를 다할 수 있는 곳에 이르기까지는 절대로 멈추지 않겠다."

다음 날 새벽, 성 조지는 헬멧을 쓰고 휘황찬란한 갑옷을 입고 칼을 찬 다음 백마에 올라타고 여행길에 올랐다. 그는 험한 길을 달려나갈 때도 흐트러지지 않은 자세로 꿋꿋하게 전진했다. 얼마 후 그는 낯선 마을에 이르렀다. 들판에는 개미 한 마리 보이지 않았으며, 집 안은 텅 비어 사람의 흔적이라곤 찾아볼 수 없었

---

7 베르그 에센바인과 마리에타 스토카드(J. Berg Esenwein and Marietta Stockard), 출처: William J. Bennett, 최홍규 옮김, 『미덕의 책 3』(The Book of Virtue), p. 192.

다. 길가의 풀도 검은 재로 타 버린 상태였다. 벼가 자라야 할 들판은 온통 짓밟힌 채로 폐허가 되어 있었다. 성 조지는 말을 세워 주위를 둘러보았다. 그러나 오직 침묵만 흐를 뿐 마을의 잔해만이 남아 있었다.

'도대체 어떤 일이 있었기에 마을이 이렇게 되었을까? 그 이유를 찾아서 최선을 다해 도움을 줘야겠다.' 그는 한 사람이라도 찾기 위해 계속 달려 나갔다. 그리고 마침내 먼발치에서 성곽 도시를 발견했다. 그는 '이곳에서는 틀림없이 내 의문이 풀리겠지.'라고 생각하며 도시를 향해 나아갔다.

성 조지가 가까이 가자 갑자기 거대한 성문이 열렸고, 많은 사람이 문 앞에 서 있었다. 모두 흐느껴 울거나 공포에 사로잡혀 있었다. 상상하지 못한 상황에 입을 다물지 못하고 있는데, 하얀색 드레스를 입고 허리에 붉은 띠를 묶은 아름다운 여인이 성 밖으로 걸어나왔다. 성문은 다시 굳게 닫혔다. 그녀는 성 조지가 다가오는 것도 눈치 채지 못한 채 흐느껴 울면서 걸어왔다.

"아름다운 여인이여! 왜 눈물을 흘리시오?"

그녀는 늠름한 자태로 당당히 말에 올라탄 성 조지를 바라보며 외쳤다.

"기사님! 이곳에서 빨리 도망치세요. 이곳은 위험한… 여긴 매우 위험한 곳이에요!"

"위험한 곳이라고요? 위험을 보고 도망치는 것은 기사도에 어긋나는 행동이오. 그리고 당신처럼 아름다운 여인이 홀로 있는데 내가 어찌 외면할 수 있단 말이오. 자, 이 마을에 어떤 일이 일어났는지 말해 주시오."

성 조지는 차분한 목소리로 물었다.

"아니에요! 어서 이곳에서 몸을 피하세요. 당신의 목숨만 위험할 뿐이에요. 이 근처에는 무시무시한 괴물이 살고 있어요. 언제 나타나서 해칠지 몰라요. 괴물은 당신을 보자마자 그 무서운 입김으로 해치려 들 거예요."

"자세히 설명해 주시오."

그는 물러서지 않고 완강히 말했다.

"왜 당신 혼자 그 괴물을 상대하려 하시오? 저 도시에는 그 괴물과 싸울 만한 남자가 하나도 없소?"

"네! 우리 아버지가 왕인데, 이젠 너무 연로하셔서 힘이 없답니다. 백성을 구할 수 있는 사람은 저밖에 없습니다. 저 끔찍한 괴물이 백성을 집에서 몰아내고 가축을 잡아먹고 곡식을 파괴했어요. 그래서 모두 성 안으로 피했지요. 벌써 몇 주 동안 그 괴물이 성 앞에 오면 매일 양 두 마리를 바쳐야 했답니다. 그런데 어제는 양마저 떨어졌어요. 그 괴물은 나이 어린 처녀를 오늘 안에 먹이로 바치지 않으면 성벽을 무너뜨리고 온 성을 폐허로 만들겠다고 협박했어요. 사람들은 왕에게 살려 달라고 애원하지만 그럴 힘이 없으시죠. 그래서 제가 나가기로 했어요. 이 성의 공주인 나를 잡아가면 저희 백성은 목숨을 건질 수도 있습니다."

"자, 공주님! 그 괴물이 있는 곳으로 나를 인도하시오."

공주는 그의 번뜩이는 눈과 건장한 팔뚝으로 칼을 뽑는 모습에 더 이상 두려움을 느끼지 않았다. 그녀는 밝은 광채가 나는 호수로 그를 이끌었다. 성 조지는 물 위로 천천히 고개를 들어올리는 괴물의 머리를 보았다. 괴물은 겹겹이 쌓인 목주름을 하나씩 펴면서 그 모습을 드러냈다. 그러고는 괴성을 지르면서 그를 향해 맹렬히 공격하며 콧구멍에서 연기와 불을 뿜어댔다. 기사와 말을 한꺼번에 집어삼킬 듯한 모습이었다.

성 조지도 칼을 머리 위로 휘두르며 아주 빠른 속도로 괴물을 공격했다. 정말 치열한 결투였다. 마침내 성 조지가 상처를 입히자 괴물은 매우 고통스러운 듯이 소리를 내며 입을 벌렸다. 그 순간 성 조지는 온 힘을 다해 괴물의 목을 칼로 찔렀다. 괴물은 그 자리에 털썩 쓰러지더니 숨이 끊어져 버렸다. 성 조지는 승리를 기뻐하며 공주를 불러 말했다.

"당신이 허리에 묶은 그 붉은 띠를 내게 주시오."

공주가 띠를 풀어 주자 그는 괴물의 머리에 둘렀다. 그는 성으로 괴물을 끌고 가서 이제는 그들을 괴롭히지 않을 거라는 사실을 증명해 보일 생각이었다.

성 안에 있던 사람들은 그들이 무사히 돌아오는 모습과 괴물이 죽은 것을 확인하고는 성문을 박차고 나와 기쁨의 함성을 쏟아냈다. 늙은 왕은 떠들썩한 소리를 듣고는 밖에 나가 공주가 상처 하나 없이 살아 돌아온 것을 보고 매우 기뻐했다. 왕은 행복하기 그지없었다.

"용감한 기사님, 난 이제 늙고 힘이 없소. 이곳에 남아 우리 성을 지켜 주시오."

"제가 필요하다면 언제까지라도 머무르겠습니다."

성 조지는 그 성에서 왕을 도우며 백성을 다스렸고, 왕이 죽은 후에는 왕위에 올랐다. 백성들은 그와 같이 용감하고 선한 왕을 모시게 되어 행복했고, 다시는 두려움에 떨지 않았다.

Character Education

● 5월 품성 주제: 자애심

Compassion

:: 교육 일정

1일 제안 시간 50분 – 강의: 20분, 학생 토론과 나눔: 20분, 마무리: 10분

[1주]

1일: 주제 품성과 덕목의 뜻을 설명한 후 그룹별로 토론한다.

2일: 품성의 정의와 나의 결심을 설명하고 암송영어 포함한다. 내일의 숙제를 상기시킨다.

3일: 품성의 정의와 나의 결심을 암송했는지 확인한다. 매일 시작할 때 암송한다.

　[숙제] 각자 집에서 품성 이야기를 소리 내어 읽고 내용을 세 줄로 요약한 다음, 이야기에 나타난 덕목을 파악하여 나의 소감을 세 줄로 정리한다. 그것을 바탕으로 두 사람씩 짝을 지어 깨달은 점을 나눈다.

4일: 주제 품성에 관련된 정의와 나의 결심, 격언 또는 명언을 포함한 포스터를 만들어 교실이나 복도에 게시한다.

5일: 주제 품성을 실천하는 모범을 보여 신문, 방송, 잡지에 소개된 사람과 위인, 영웅 이야기를 사진과 함께 스크랩하여 학급에서 발표한다.

[2주]

1일: 주제 품성에 따른 봉사 활동을 생각해 내고 정리한 후에 실행 방법을 작성한다.

2일: 주제 품성을 가정에서 부모님께 실천할 수 있는 사례를 생각해 내고 작성하여 학급에서 나눈다.

3일: 학급에서 나눈 주제 품성을 정리한 후 부모님께 실천하겠다는 편지를 써서 부모님께 드린다.

4일: 주제 품성을 학교에서 선생님 또는 교직원들에게 실천할 수 있는 방법을 생각해 내고 포스터로 만들어 교실이나 복도에 게시한다.

5일: 주제 품성을 같은 학급 친구들이 실천할 수 있는 방법을 생각해 내고 포스터로 만들어 교실에 게시한다.

[3주]

1일: 주제 품성을 선생님 또는 교직원이 학생들에게 실천할 수 있는 방법을 생각해 내고 포스터를 만들어 복도에 게시한다.

2일: 주제 품성을 부모님이 아이들에게 실천할 수 있는 방법을 생각해 내고 포스터를 만들어 가정의 적당한 곳에 게시한다.

3일: 아이들이 가정에서 부모님께 주제 품성을 잘 실천한 사례를 적고 학급에서 나눈다.

4일: 학생들이 학교에서 선생님께 주제 품성을 잘 실천한 사례를 적고 학급에서 나눈다.

5일: 학생들이 학급에서 친구들에게 주제 품성을 잘 실천한 사례를 적고 학급에서 나눈다.

[4주]

1일: 주제 품성의 정의와 나의 결심 암기 대회를 학급에서 실시하고 품성 칭찬을 한다.

2일: 주제 품성의 봉사 활동을 성공리에 실시한 사례를 나누고 축하한다.

3일: 주제 품성을 실행한 선생님 또는 교직원에게 "좋은 OO 품성의 모범" 상장을 수여한다.

4일: 주제 품성의 모범을 잘 보인 학급 친구들에게 "좋은 OO 품성의 모범" 상장을 수여한다.

5일: 주제 품성 실천을 통해 얻은 다양한 결과를 이야기로 정리하여 교사, 부모, 학생들에게 배부한다.

"내가 곤경에 처했을 때 도와주는 사람을 더 믿을 수 있다."

율리시스 S. 그랜트 Ulysses S. Grant

[목적] 학생들은 노숙자나 배고픈 사람들을 보면 그들의 아픔을 느낀다. 그런데 놀랍게도 학급 친구들끼리는 오히려 냉담하고 놀려대는 말과 잔인한 행동을 서슴지 않는다. 앞에서 배운 존중과 수용성, 친절함의 가치를 기억해 보면 자애심이 어떻게 연관되는지 알 수 있다. 우리는 자애심과 수용성의 가치를 행동으로 보여 줌으로써 학생들이 친구를 사귀기 힘들어하는 아이들과 친구가 되어 섬기도록 가르쳐야 한다. 학급에서는 자발적으로 힘든 친구를 돕고, 가정에서는 집안일 등을 거들며, 학교에서는 놀거나 공부하는 공간을 잘 관리하고 깨끗이 청소하고, 지역 사회에서는 봉사 활동을 하는 등 몸소 봉사를 실천하다 보면 우리보다 불행한 사람을 돕기 위해 여러 가지 방법을 모색할 수 있다.

자애심은 다른 사람의 고통을 측은하게 여겨 덜어 주려는 마음이다. 동정심보다 더 강력한 단어는 다른 사람의 입장에서 보는 것을 뜻하는 감정이입이다. 나보다 불행한 사람의 힘든 처지를 진심으로 이해하려고 최선을 다해 돕는 방법을 찾는 것이다. 달라이 라마는 이 정의를 다음과 같이 확대 해석했다. "우리는 모든 인류에 대한 책임이 있다. 다른 사람들을 진정한 형제 자매로 생각하여 그들의 복지에 관심을 가지고 고통을 덜어 주어야 할 때다. 우리는 모든 인류의 미래와 혜택을 더 많이 생각해야 한다."

자애심의 정의와 나의 결심

자애심: 무정함

타인의 고통을 동정하는 마음으로 덜어 주려고 하는 것

Compassion vs. Indifference: The desire with sympathy to ease others' suffering

나의 결심

- 타인을 위해 하던 일을 멈추는 배려를 하겠다.
- 내가 받은 호의를 기억하고 어려운 처지의 사람을 돕겠다.
- 도움이 필요한 사람에게 나의 자원을 후하게 나누겠다.
- 상대방의 입장에서 듣고 이해하려고 최선을 다하겠다.
- 인종, 성별, 종교, 나이, 나라를 초월하여 남을 섬기겠다.

아프거나 다쳐서 무리와 함께 달리지 못하는 얼룩말은 뒤쫓아오는 포식동물의 먹이가 되기 쉽다. 하지만 나머지 얼룩말들이 달리기 힘든 동료를 죽게 내버려 두지 않고 속도를 줄여 보호해 주는 덕분에 상처 입은 얼룩말은 회복할 기회를 얻는다.

보조 덕목

봉사와 후함service and generosity: '국가나 사회 또는 남을 위하여 자신을 돌보지 않고 섬기는 마음'을 의미한다. 즉 다른 사람에게 자애심을 보여 줄 수 있는 방법이다. 봉사섬김는 다른 사람들의 혜택을 위해 나의 자원을 제공하는 것이다. 후함은 '마음이 넓고 관대하여 나의 자원을 타인에게 아낌없이 베푸는 것'을 말한다. 칼릴 지브란Kahlil Gibran은 봉사와 후함의 차이를 다음과 같이 정의했다. "자신의 소유물을 주는 것은 조금만 주는 것이다. 진정으로 다 주는 것은 당신 자신을 주는 것이다."

자애심에 관한 토론과 질문

- 왜 다른 사람에게 자애심을 가져야 하는가?
- 누구를 위해 자애심을 느껴야 하는가?
- 어떻게 자애심을 보일 수 있는가?
- 가족이 아프거나 좋지 않은 하루를 보냈을 때 어떤 느낌이 드는가? 당신은 가족을 돕거나 격려해 줄 방법을 찾는가?
- 삶이 힘들지 않도록 집에서 당신이 할 수 있는 것은 무엇인가? 당신은 요청을 받기 전에 솔선해서 행동하는가?
- 도움이 필요한 세상에서 다른 사람들을 위해 선행하고 싶은가?
- 사람들이 언제 도움이 필요한지 생각해 낼 수 있는가?
- 당신을 슬프게 만든 사건은 무엇인가?
- 우리가 맞닥뜨리는 슬픔을 해결할 수 있는 방법은 무엇인가?
- 고통당한 사람을 도울 수 있는 일이 있는가?
- 고통당하는 사람을 직접 도울 만한 방법이 없을 때는 어떻게 할 수 있는가?
- 봉사 활동을 자원해 본 적이 있는가? 어떤 봉사를 했는가? 누구를 어떻게 도왔는가? 어떻게 자원봉사를 하겠다고 생각했는가?

- 다른 사람에게 당신의 귀중한 물건을 준 적이 있는가? 귀중품을 주면서 어떻게 느꼈는가?
- 자신이 번 돈을 기부 또는 헌납한 적이 있는가?

  - 자애심의 덕목을 세우는 간단한 이야기를 소리 내어 읽거나 다른 사람에게 읽어 주어라.

자애심 스토리

"7년간 7명을 입양한 아이들 때문에 기쁨과 행복 누려"
; 피보다 진한 자애심 넘치는 입양 부모

슬하에 1남 1녀가 있는데도 7년간 7명 남자 4명, 여자 3명을 입양하여 키워 온 하만복61세, 곽세지58세 부부[8]의 '가슴'은 바다만큼이나 넓고도 깊다.

부부 목사인 이들 중 아내가 어느 날 해외입양에 관한 TV 프로그램을 본 후 남편에게 입양을 제안하여 홀트아동복지회를 통해 2002년 입양한 첫 아이 대언이는 2008년에 뇌종양과 척추에 물이 고이는 척추암 그리고 뇌병변 1급 진단을 받았다. 병원에서 "3개월 남았다."라고 시한부 선고를 받았고, 한때 전신 마비까지 왔지만 재활운동과 함께 무엇보다도 사랑의 정성 덕분에 비록 휠체어에 의지하지만 건강이 많이 회복됐다.

양육비 부담으로 인한 한 명 자녀 두기로 저출산 문제가 심각한데 이렇게 많은 자녀를 키우려면 경제적으로 부담이 있기도 하고 특히 교회 담임을 맡은 직

---

8 참고: 저자는 하만복 목사 부부와 입양아들을 개인적으로 알고 지내온 것을 자랑스럽게 여긴다. 어린이 동화집에서 읽는 장화홍련, 콩쥐팥쥐, 신데렐라와 같은 이야기로 계모나 새 아빠에 대한 나쁜 인식이 퍼져 있는 가운데 "칠곡계모" "울산계모" "원영이 살해한 평택계모와 친부 사건" 등으로 아동학대의 심각성이 대두된 우리 사회에 이처럼 사랑을 실천하는 존경스러운 입양 부모들로 더욱 건강하고 밝은 사회를 이루어 나가기를 바란다.

무 때문에 웬만한 사람은 엄두도 못 낼 것이다. 그러나 어린 생명을 귀하게 여기는 진정한 자애심이 핏줄보다 더 컸다. "친부모의 정을 모르고 버려진 아이들을 양육하면서 느낀 행복감을 무엇에 비교할 수 없다."라며 "혈연보다 사람을 귀하게 여기는  마음의 자세와 사랑이 더 중요하다."라고 하 목사 부부는 강조한다.

혈육을 중요시해 남의 핏줄을 입양하기를 꺼리는 한국 문화에다가 특히 한국 동란 이후 20만 명의 전쟁 고아를 해외로 입양시켜 '고아 수출국'이라는 국제적 오명을 없애려고 국가적으로 국내 입양을 장려하여 해외 입양이 많이 줄고 있다. 그러함에도 2009년도 미 국무부 보고에 따르면 중국, 이디오피아, 르완다에 이어 세계경제 15위2009년 세계은행 자료인 한국이 네 번째로 '아동수출국'이 되었다. 보건복지부에 따르면 2009년도에는 2439명 중 1125명이 해외로 입양되었다. 특히 장애가 있는 아동의 경우, 양육에 부담을 느껴 입양을 꺼려하는 편이다.

황금률

"진정으로 행복한 자는 남을 섬기는 사람이다."   앨버트 슈바이처

"우리는 무언가를 얻어서 생계를 꾸려 가고, 주는 것으로 인생을 산다."

                                                                윈스턴 처칠

"용기란 돌보는 마음에서 나온다."   노자

"다른 사람이 행복하기를 원하면 자애심을 베풀어라. 너 자신이 행복하기를
   원해도 자애심을 베풀어라."   달라이 라마

"주는 것이 받는 것보다 복을 짓는 일이다."   신약성경

"몸이 불편한 동갑내기 친구 업고 4년간 등교"[9]

"허친자오는 세상에서 나에게 가장 잘해 주는 사람이다. 그 아이는 여린 어깨로 나의 하늘을 받치고 있다."

중국의 아홉 살 소녀 허잉후이가 친구 허친자오에게 고마움을 나타내며 쓴 글이다. 몸이 아픈 친구를 업고 4년간 등교한 소녀의 우정이 대륙에 잔잔한 감동을 전하고 있다.

허잉후이는 신경성근위축증을 앓아서 두 살 때부터 걷지 못했다. 아버지는 정신장애가 있고, 어머니는 한 살 때 집을 나가 70대 할아버지와 할머니 손에서 자랐다. 불운한 가정사와 병으로 허잉후이는 집에서 우울하게 지냈다.

그러다 할머니 등에 업혀 학교를 다니기 시작하면서 조금씩 밝아졌다. 하지만 2년이 지나자 할머니의 류머티즘이 악화되어 허잉후이를 학교에 데려다 줄 수 없었다. 이때 이웃집에 사는 허친자오가 허잉후이를 학교에 데려다 주겠다고 나섰다. 아홉 살짜리 딸이 친구를 업고 등교한다는 말에 부모가 반대했지만 허친자오는 다음 날부터 아버지의 눈을 피해 외지 산길로 허잉후이를 업고 다녔다.

비가 오나 눈이 오나 허친자오는 시간에 맞춰 친구 집으로 데리러 갔다. 학교까지 가면 온통 땀투성이가 되었지만 개의치 않았다. 시간이 흐르면서 둘의 특별한 우정은 전교에 알려졌다. 다른 학생들도 둘을 보면 길을 비켜 주고 계단을 오를 때는 옆에서 부축해 주었다. 집에 갈 때는 돌아가면서 업어 주기도

---

9   2014-09-29, metroseoul.co.kr, 정리=조선미 기자. 사진은 본문 기사와 상관 없음.

했다. 사회에서도 도움의 손길을 내밀었다. 교육추진회는 장학금을 후원하고 현지 정부는 휠체어를 보냈다.

2010년 가을부터 함께 등하교를 한 지 4년이 지났다. 둘은 얼마 전 초등학교를 졸업했고 앞으로 중학교도 같이 다닌다. 허친자오는 친구와 함께 있기 위해 더 좋은 중학교에 진학하는 것도 포기했다.

둘은 이제 왕복 8킬로미터의 등하굣길을 함께한다. 허친자오가 혼자 고생하는 것을 본 친구들은 '사랑의 팀'을 만들어 허잉후이를 도와주고 있다. 둘은 친구들과 선생님이 배려해 줘서 학교 생활이 즐겁다고 말했다. 허친자오 덕분에 허잉후이는 명랑해졌다. 허잉후이는 "나는 꿈에서 무술에 능해 다른 사람을 도와주는 모습으로 등장한다. 병이 나으면 경찰이 되고 싶다."라고 장래희망을 밝혔다. 허친자오의 꿈은 더 소박하다. 허잉후이를 데리고 높은 산에 올라가 친구가 한 번도 보지 못했을 아름다운 풍경을 보여 주는 것이다.

자애심 실행하기

- 왕따를 당하는 친구에게 우정을 베풀어라.
- 당신의 시간과 물건을 후하게 사용하라.
- 필요한 상황이라면 부탁받기 전에 돕는 방법을 찾아보라.
- 노숙자들의 어려운 문제를 가족과 이야기해 보라.

지역 봉사 아이디어

- 독거노인들을 방문하여 필요한 도움을 주어라.
- 병중에 있는 이웃에게 음식을 제공하라.
- 적십자사 또는 기타 사회단체에서 봉사 활동을 하라.
- 병원에 입원한 사람들을 위해 심부름 또는 허드렛일로 봉사하라.
- 불행한 일을 당한 사람들에게 위로의 편지를 보내라.

• 노숙자나 불우이웃을 위해 기부금을 전달하는 자애심을 발휘하라.

자애심에 관한 글 읽기

[숙제] 아래의 글을 읽고 다음과 같은 단계별 질문에 따라 1페이지 이내로 요약하라.

제목 _____

저자 _____

1. 저자가 이 글을 쓴 목적

_____

_____

_____

2. 줄거리

_____

_____

_____

3. 글을 읽기 전과 후에 생각이 달라진 점은 무엇인가?

_____

_____

_____

4. 글을 읽은 후 나의 결심

_____

_____

_____

부자왕 크레이소스 As rich as Croesus[10]

그리스의 역사가 헤로도투스에게서 나온 이야기다. 소아시아 리디아의 왕 크레이소스기원전 560-546는 부자로 잘 알려진 통치자다. 퀴러스 왕이 그의 생명을 살려 준 것은 정의로운 권력자가 보여 주는 자비의 본보기다. 또한 이 이야기는 돈과 권력이 행복을 가져오는지에 대하여 중요한 교훈을 보여 준다.

· · ·

수천 년 전 소아시아에 크레이소스 왕이 살고 있었다. 그가 통치하는 나라는 별로 크지 않았지만 백성들이 다 잘 살며 재물이 많은 것으로 유명했다. 크레이소스 왕이 세계에서 가장 부자라는 말까지 나돌았다. 그의 명성은 지금까지도 전해져 큰 부자를 가리켜 "크리에소스처럼 부자다."라고 말한다.

크레이소스 왕은 행복의 조건을 다 갖추고 있었다. 땅, 궁전, 신하, 좋은 옷, 아름다운 보석 등 한마디로 없는 것이 없었다. 그는 더 이상 자신을 편안하고 행복하게 만들어 줄 수 있는 것은 없다고 생각했다. 입버릇처럼 "나는 이 세상에서 가장 행복한 사람이다."라고 말할 정도였다.

어느 해 여름, 솔론이라는 사람이 바다를 건너와 아시아에서 여행하고 있었다. 그는 그리스 아테네에서 법률을 만드는 사람이었다. 지혜롭기로 유명해서 그가 죽은 지 수세기가 지난 지금도 학문하는 사람에게 "솔론처럼 지혜롭다."는 표현은 최고의 찬사로 통한다. 솔론은 크레이소스의 명성을 이미 알고 있었다. 어

---

10 제임스 볼드윈(James Baldwin), 출처: William J. Bennett, 최홍규 옮김, 『미덕의 책 1』(*The Book of Virtue*), p.135.

느 날 크레이소스가 그를 아름다운 궁전으로 초대했다. 크레이소스는 이때보다 더 행복하고 자부심에 가득 찬 적이 없었다. 이 세상에서 가장 지혜로운 사람이 자신의 손님이기 때문이었다. 그는 솔론을 데리고 궁전 이곳저곳을 안내하며 호사스러운 방과 귀한 카펫, 부드러운 소파, 훌륭한 가구와 그림, 책 등을 보여 주었다. 정원으로 데려가서 과수원과 마구간도 보여 주었다. 세계 곳곳에서 수집한 수천 가지 진귀한 물건도 빼놓지 않았다.

저녁이 되자 세계에서 가장 지혜로운 사람과 세계에서 가장 부자인 왕이 함께 식사를 했다. 왕이 손님에게 말했다.

"오, 솔론! 이 세상에서 가장 행복한 사람이 누군지 말해 주지 않겠소?"

그는 내심 "크레이소스 왕입니다."라는 대답을 기대하고 있었다.

지혜로운 사람은 잠시 침묵하고는 입을 열었다.

"한때 아테네에 살았던 셀리우스라는 사람이 머릿속에 떠오릅니다. 두 번 생각할 것도 없이 그가 이 세상에서 가장 행복한 사람입니다."

왕이 기대한 대답이 아니었다. 왕은 실망했지만 애써 감추고 다시 물었다.

"왜 그렇게 생각하시오?"

"텔리우스는 가난하지만 오랜 세월 부지런히 일하며 아이들을 훌륭하게 교육시킨 정직한 사람이기 때문입니다. 아이들은 독립할 나이가 되자 아테네 군대에 들어가 한평생 자기 나라를 지키는 데 삶을 바쳤습니다. 이보다 더 행복한 사람이 어디 있겠습니까?"

"그렇군요."

크레이소스는 실망감에 작은 소리로 대답하고는 이번에야말로 "크레이소스"라고 대답해 주리라고 믿으며 물었다.

"그럼 텔리우스 다음으로 행복한 사람은 누구라고 생각하시오?"

"그리스의 두 젊은이입니다. 어렸을 때 아버지가 세상을 떠나는 바람에 그들은 몹시 가난했습니다. 하지만 꿋꿋하게 일해서 집안을 일으켜 세우고 병약한 어머니를 부양했습니다. 그들은 오직 어머니를 편안하게 모시기 위해 악착같이 일했습니다. 그리고 어머니가 세상을 뜨자 그 애정을 그들을 낳아 준 아테네에 모두 쏟았습니다. 그들은 목숨이 다하는 날까지 그렇게 살다가 죽었습니다."

결국 크레이소스는 화가 나서 외쳤다.

"당신은 왜 내 부와 권력이 아무것도 아닌 것처럼 말하시오? 어째서 불쌍하게 일하다 죽은 사람들을 세계에서 가장 부자인 왕 위에 놓는단 말이오?"

"오, 폐하."

솔론이 설명했다.

"이 세상에서 폐하가 돌아가시기 전에 폐하를 가장 행복한 사람이라고 말할 수 있는 사람은 아무도 없습니다. 어떤 불행이 당신을 덮치고, 이 호사스러움 대신 어떤 비참함이 찾아올지 아무도 모르기 때문입니다."

그 후로 여러 해가 지난 뒤 소아시아에는 '퀴러스'라는 강력한 왕이 나타났다. 그는 막강한 군사력을 이끌고 이 나라 저 나라를 향해 나아갔다. 그리고 많은 왕국을 정복하면서 바빌론이라는 거대한 제국에 합병시켰다. 온갖 재물을 가진 크레이소스 왕도 이 막강한 장벽에는 어쩔 도리가 없었다. 그는 모든 힘을 다해 저항했지만 아름다운 궁전은 불탔으며 과수원과 정원은 폐허가 되었고 모든 재물은 약탈당했다. 왕은 포로로 잡혀갔다.

"크레이소스의 완고한 고집은 많은 병사들을 죽음으로 내몰고 왕국을 곤경에 빠뜨렸다. 그를 데리고 가서 우리의 길을 막는 보잘것없는 왕들의 본보기가 되게 하라."

퀴러스 왕이 명령했다.

병사들은 크레이소스를 시장으로 끌고 갔다. 그리고 그의 아름다운 궁전이 불타버린 곳에서 가져온 마른 장작 더미와 목재를 쌓은 다음, 왕을 그 중간에 묶어 놓았다. 횃불을 든 병사가 불을 붙이려고 달려왔다.

"이제 즐거운 화형식을 보게 될 거야."

다른 병사들이 말했다.

"그의 온갖 재물이 지금 무슨 소용이 있어?"

크레이소스는 슬픔을 위로해 주는 친구도 없이 피를 흘리며 제단 위에 누웠다. 그 순간 몇 해 전 솔론이 한 말이 떠올랐다. "폐하가 돌아가시기 전에 폐하를 가장 행복한 사람이라고 말할 수 있는 사람은 아무도 없습니다." 크리에소스는 신음 소리를 냈다.

"오, 솔론! 오, 솔론! 솔론!"

그때 우연히 퀴러스 왕이 그의 작은 외침을 듣게 되었다.

"저 사람이 뭐라고 하는 것이냐?" 병사가 대답했다.

"솔론, 솔론, 솔론이라고 말했습니다."

그러자 퀴러스 왕이 크레이소스에게 다가가서 물었다.

"그대는 왜 솔론이라는 이름을 외치는가?"

크레이소스는 침묵을 지키다가 퀴러스 왕이 진지한 말투로 반복해서 묻자 솔론이 한 이야기를 들려주었다. 그 이야기는 퀴러스 왕을 깊이 감동시켰다.

크레이소스가 말했다.

"당신에게 언제 불행이 덮치고 이 호사스러움 대신 언제 비참한 상황이 다가올지 아무도 모릅니다."

퀴러스 왕은 언젠가 자신도 권력을 잃는 날이 오고, 적의 손에 무력하게 잡히는 날이 올지도 모른다는 생각이 들었다.

"결국 인간은 고통을 당하는 사람에게 좀 더 자비롭고 관대해야 되는 게 아닐까? 나는 크레이소스에게 언젠가 다른 사람이 내게 해 주기를 바라는 대로 해 줄 것이다."

그는 크레이소스를 풀어 주고 그를 가장 자랑스러운 친구로 삼았다.

● 6월 품성 주제: 믿음

Faith

:: 교육 일정

1일 제안 시간 50분 – 강의: 20분, 학생 토론과 나눔: 20분, 마무리: 10분

[1주]

1일: 주제 품성과 덕목의 뜻을 설명한 후 그룹별로 토론한다.

2일: 품성의 정의와 나의 결심을 설명하고 암송영어 포함한다. 내일의 숙제를 상기시킨다.

3일: 품성의 정의와 나의 결심을 암송했는지 확인한다. 매일 시작할 때 암송한다.

[숙제] 각자 집에서 품성 이야기를 소리 내어 읽고 내용을 세 줄로 요약한 다음, 이야기에 나타난 덕목을 파악하여 나의 소감을 세 줄로 정리한다. 그것을 바탕으로 두 사람씩 짝을 지어 깨달은 점을 나눈다.

4일: 주제 품성에 관련된 정의와 나의 결심, 격언 또는 명언을 포함한 포스터를 만들어 교실이나 복도에 게시한다.

5일: 주제 품성을 실천하는 모범을 보여 신문, 방송, 잡지에 소개된 사람과 위인, 영웅 이야기를 사진과 함께 스크랩하여 학급에서 발표한다.

[2주]

1일: 주제 품성에 따른 봉사 활동을 생각해 내고 정리한 후에 실행 방법을 작성한다.

2일: 주제 품성을 가정에서 부모님께 실천할 수 있는 사례를 생각해 내고 작성하여 학급에서 나눈다.

3일: 학급에서 나눈 주제 품성을 정리한 후 부모님께 실천하겠다는 편지를 써서 부모님께 드린다.

4일: 주제 품성을 학교에서 선생님 또는 교직원들에게 실천할 수 있는 방법을 생각해 내고 포스터로 만들어 교실이나 복도에 게시한다.

5일: 주제 품성을 같은 학급 친구들이 실천할 수 있는 방법을 생각해 내고 포스터로 만들어 교실에 게시한다.

[3주]

1일: 주제 품성을 선생님 또는 교직원이 학생들에게 실천할 수 있는 방법을 생각해 내고 포스터를 만들어 복도에 게시한다.

2일: 주제 품성을 부모님이 아이들에게 실천할 수 있는 방법을 생각해 내고 포스터를 만들어 가정의 적당한 곳에 게시한다.

3일: 아이들이 가정에서 부모님께 주제 품성을 잘 실천한 사례를 적고 학급에서 나눈다.

4일: 학생들이 학교에서 선생님께 주제 품성을 잘 실천한 사례를 적고 학급에서 나눈다.

5일: 학생들이 학급에서 친구들에게 주제 품성을 잘 실천한 사례를 적고 학급에서 나눈다.

[4주]

1일: 주제 품성의 정의와 나의 결심 암기 대회를 학급에서 실시하고 품성 칭찬을 한다.

2일: 주제 품성의 봉사 활동을 성공리에 실시한 사례를 나누고 축하한다.

3일: 주제 품성을 실행한 선생님 또는 교직원에게 "좋은 OO 품성의 모범" 상장을 수여한다.

4일: 주제 품성의 모범을 잘 보인 학급 친구들에게 "좋은 OO 품성의 모범" 상장을 수여한다.

5일: 주제 품성 실천을 통해 얻은 다양한 결과를 이야기로 정리하여 교사, 부모, 학생들에게 배부한다.

"유명한 사람보다
믿음 있는 사람이 되는 것이 유익하다."
테오도어 루즈벨트 Theodore Roosevelt

[목적] 대부분의 경우 보편적이며 민주적 가치에 믿음을 포함하지 않을 것이다. 그러나 우리는 믿음을 주요 가치에 포함할 의무를 느낀다. 이제 우리는 존중과 책임을 덕목의 두 가지 '기둥'으로 세웠고, 다른 사람을 포함하도록 강조하는 것으로는 자애심을 추가했으며, 우리 학생들을 초월적인 삶의 덕목으로 이끄는 가치로서 믿음을 추가했다. 이처럼 우리는 자신에게서 타인 중심으로 향하고 인간의 경험을 뛰어넘는 것으로 발전한다. 우리 각자가 귀중하게 믿는 주요 종교인 기독교, 불교, 유교 등의 전통을 배경으로 할 수 있지만 더불어 사는 지구촌 시민으로서 다른 문화와 다른 종교의 지혜를 배우고 다양성을 포용하며 사는 법을 배워야 한다.

믿음은 사람이나 아이디어에 대해 내가 다 알지 못해도 충심을 다하는 것이다. 믿음은 다른 사람에 대한 신뢰와 증명할 수 없는 어떤 것에 대한 확신을 말한다. 믿음은 현재 볼 수 없으나 미래에 대한 확신과 소신을 말하는 내면의 힘이다. 이와 같이 믿음은 자신에 대한 신뢰와 자신의 약속을 충실히 지키는 덕목이다.

믿음의 정의와 나의 결심

믿음: 가정

내가 믿는 신이나 사람이 증명할 수 없는 것을 신뢰하고 충성하는 것

Faith vs. Assumption: Belief in and loyalty to God, person, or something which cannot be proven

나의 결심

- 내가 믿는 신이 나의 최고 권위자임을 확신한다.
- 내가 믿는 종교는 최고의 인격도야에 이르는 큰 약속임을 확신한다.
- 나의 가족과 권위자들을 신뢰하고 겸손하게 섬기겠다.
- 품성이 성공과 행복의 열쇠임을 믿고 최선을 다하겠다.
- 품성의 모범을 보인 사람들을 칭찬하고 따르겠다.

40여 종류의 다람쥐 중에서 '날다람쥐'는 실제로 새처럼 날지는 못하지만 자기 다리 사이에 날개처럼 쭉 뻗치는 피부가 접히는 사실을 믿고 이 나뭇가지에서 저 나뭇가지로 미끄러지듯 이동할 수 있다.

보조 덕목

- 소망ʰᵒᵖᵉ: '간곡히 바라고 원하는 것'이다. 장차 이루어질 거라는 기대와 믿음으로 간절히 바라는 마음을 의미한다. 소망은 이런 기대가 중심이 되는 어떤 사람이나 어떤 것을 지칭한다.
- 신뢰ᵗʳᵘˢᵗ: '믿고 의지하는 것'이다. 어떤 사람이나 어떤 것의 특성, 능력, 장점, 진실을 확실하게 믿고 의지하는 마음이다. 신뢰는 어떤 사람이나 어떤

것을 신임하며, 의지하고 의존하거나 희망을 갖는 것을 말한다.

믿음에 관한 토론과 질문

• 믿음을 갖기 쉬운 대상은 무엇인가?

　　돈, 가족 사랑, 장래 행복, 해가 동쪽에서 뜨는 것

• 소망을 갖기 어려운 것은 무엇인가?

　　세계 평화, 기아 대책, 암 같은 질병 치료

• 타인에게 믿음을 갖는 것은 쉬운가, 어려운가? 자신에게 믿음을 갖는 것은
　쉬운가?

• 믿음에 관해 다양한 종교를 말할 수 있는가?

• 믿음으로 도움을 받았거나 강화된 삶의 영역은 무엇인가?

• 신실한 믿음을 갖는 데 장애물은 무엇인가?

• 나의 종교에 대한 믿음이 필요하다고 느낄 때는 언제인가?

　　아플 때, 개인 문제가 있을 때

• 당신은 누구에게 또는 무엇에 대한 믿음이 있는가? 그 이유는?

• 당신이 믿는 종교와 다른 종교의 공통점은 무엇인가?

■ 믿음의 덕목을 세우는 간단한 이야기를 소리 내어 읽거나 다른
사람에게 읽어 주어라.

믿음 스토리

"미국 컬럼비아대학교 청소부, 12년 만에 학사모"[11]

11　《국민일보》, 2012.05.14, 한승주 기자.

미국 아이비리그 명문 컬럼비아대학교에서 청소부로 일하는 중년 남성이 우수한 성적으로 일터인 컬럼비아대학교를 졸업했다. 주인공은 유고슬라비아 난민 출신의 가츠 필리파. 52세 그는 13일현지 시간 고전문학 학사 학위를 받아 20대 학생들과 함께 학사모를 쓰는 영예를 안았다고 AP통신이 보도했다.

필리파는 내전으로 피폐해진 유고슬라비아의 수도 베오그라드에서 법학을 전공하던 중 군대에 징집될 위기에 처하자 1992년 미국 뉴욕으로 피신했다. 이후 컬럼비아대학교에서 청소부로 일하며 생계를 이어가던 중에 영어를 배워 입학허가를 받았다. 컬럼비아대학교는 직원들에게 무료로 수업을 제공하므로 등록금을 내지 않아도 됐다. 그는 낮에는 청소부로 일하고 밤에는 책을 폈다. 시험이나 과제가 있으면 밤을 새워 가며 공부한 후 오전에 수업을 듣고 다시 일터로 돌아갔다. 12년의 노력 끝에 이날 마침내 졸업장을 받은 것이다.

로마의 정치가이자 철학자, 극작가였던 세네카를 가장 좋아한다는 필리파는 "내가 부모님에게 교육받은 정신이 세네카의 편지에 담겨 있다."라고 말했다. 이어 "부모님은 부와 명예를 좇는 삶이 아닌 소박하고 정직하며 자랑스러운 삶을 살라고 가르쳤다."라고 덧붙였다.

황금률

"현재의 당신은 신이 주신 선물이고 현재의 당신이 행하는 것은 신에게 주는 당신의 선물이다."
조지 포스터(George Foster, 미국 야구선수)

"믿음은 사람에게 소망을 주고 소망은 인생의 모든 것이다."
톰 랜드리(Tom Landry, 미식축구 코치)

"사람의 모든 힘과 능력은 보이지 않는 것을 믿는 데서 온다."
J.F. 클라크(J.F. Clarke, 미국 목사)

"소망은 모험을 향해 나아가며 보람된 삶을 위해 확신하며 찾는 것이다."
칼 메닝거(Karl Menninger)

위인 이야기

예수 그리스도

예수는 이스라엘의 베들레헴에서 태어났다. 유대인인 아버지는 목수였고, 역시 유대인인 어머니는 농촌 처녀였다. 예수는 아버지의 목수 일을 배우며 조용히 자랐다. 그가 세례 요한이 장차 오실 메시아를 외치고 소망과 새 출발의 상징으로 강에서 사람들에게 세례를 주었던 요단강에 나타났을 때 비로소 사람들이 알아보기 시작했다. 요한은 예수가 새로운 종교지도자임을 알아보고 세례를 주었다. 예수는 그 후에 3년 동안 갈릴리 호수 주변에서 가르치고 병자들을 치료하기 시작했다.

예수는 12명의 제자를 뽑아서 회당에서 가르치지 않고 가난한 사람들이 모이기 쉬운 언덕과 강가에서 지냈다. 그는 유대 법과 예언을 인용하면서 사랑에 대한 새 계명을 드러내는 해석을 하며 가르쳤다. 이야기와 비유를 들어 가르쳤고 종교지도자들에게 도전했다. 그래서 동네의 평화를 방해한 죄로 고발당하고 결국은 유대와 로마 법정에서 심판을 받아 십자가에서 죽었다. 그의 제자들은 유대의 종파로 한데 모였고 훗날 기독교가 되었다.

석가모니

석가모니는 네팔국 카필라와수투^{Kapilavastu}에서 가타마 족인 사크야 부족을 통치한 왕국의 왕자였다. 열여섯 살에 결혼하여 아들도 낳았다. 하지만 생로병사의 진리를 찾아서 부귀와 안락을 버리고 왕국을 떠났다. 그 후 깊은 고행 끝에 죽음과 환생의 비밀을 깨닫고 모든 욕망과 영혼의 어두움에서 해방되었다. 반스^{Barnes} 근처에서 행한 첫 설법을 통해 '사성제四聖諦', 즉 네 가지 고귀한 진리^{four noble truths}를 가르쳤으며, 쿠시나고리^{Kusinagori} 근처 숲 속에 있는 나무 두 그루 사이에 누워 평안히 열반에 들었다.

믿음 실행하기

- 명상이나 기도하는 시간을 가져라.
- 종교 서적을 읽어라.
- 누구에겐가 신뢰를 가져라.
- 포기하지 마라.
- 당신 자신을 넘어 믿을 수 있는 것을 찾아라.
- 종교 의식에 참석하라.
- 믿음이 당신의 생활과 당신의 결정에 영향을 미치는 점을 적어 보라.

지역 봉사 아이디어

- 지역의 봉사활동을 위해 장난감, 의류, 게임 등을 수거하라.
- 병상에 있는 아이들을 위해 위문 카드를 준비하라.
- 크리스마스 트리에 장식할 목도리, 모자, 장갑, 천사 등을 모아 필요한 이웃에게 선물하라.
- 신앙생활이 중요함을 알리는 현수막을 만들어 지역 사회에 전시하라.
- 지역 사람들이 발견한 신앙생활의 중요성을 조사하고 학급에서 나누어라.

믿음에 관한 글 읽기

[숙제] 아래의 글을 읽고 다음과 같은 단계별 질문에 따라 1페이지 이내로 요약하라.

제목 _____

저자 _____

1. 저자가 이 글을 쓴 목적

_____

_____

_____

2. 줄거리

_____

_____

_____

3. 글을 읽기 전과 후에 생각이 달라진 점은 무엇인가?

_____

_____

_____

4. 글을 읽은 후 나의 결심

_____

_____

_____

욥의 이야기|Job[12]

구약성경의 욥기는 숭고한 주제와 장엄한 표현으로 세계에서 가장 위대한 서사시라는 평가를 받는다. 주제가 직접적이지만 심오하다. 왜 올바른 사람이 고통

---

12 제시 라이먼 헐버트(Jesse Lyman Hurlbut), 출처: William J. Bennett, 최홍규 옮김, 『미덕의 책 3』(*The Book of Virtue*).

을 받는가? 완벽하고 선한 자의 고통, 고행, 인내, 겸손은 믿음의 척도다.

· · ·

옛날 세상이 처음 만들어졌을 즈음, 욥이라는 착한 사람이 살고 있었다. 그의 집은 이스라엘 동쪽 사막 끝에 있는 우스 지방에 있었다. 욥은 매우 부유했다. 수천 마리의 양, 낙타, 황소, 당나귀가 있었다. 동쪽에서 욥보다 부유한 사람은 없었다. 그리고 욥은 착했다. 하나님이 원하는 대로 살고 싶었기에 항상 친절하고 상냥했다. 신전에 봉헌하면서 매일 하나님께 기도드리고 봉사했다. '내 아들들이 죄를 짓거나 하나님께 버림받을지 모르니까 하나님께 그들을 용서해 달라고 기도해야지.'라고 생각한 것이다.

어느 날 천사들이 하나님 앞에 서 있었는데, 사탄도 마치 천사인양 서 있었다. 하나님이 사탄에게 물었다.

"사탄아, 너는 어디에서 왔느냐?"

"저는 지상을 올라갔다 내려갔다 하면서 그곳에 있는 사람들을 보았지요."

하나님이 또 물었다.

"내 충신 욥도 보았느냐? 그처럼 나를 두려워해서 악을 행하지 않는 선하고 완벽한 인간은 또 없었느냐?"

"욥이 이유 없이 당신을 두려워하겠습니까? 당신은 그의 주변에 그리고 그의 집 주변에, 그가 가진 모든 것 주변에 장벽을 만들지 않으셨습니까? 당신은 그에게 은총을 내리고 부유하게 해 주셨지요. 그러나 당신이 손을 뻗쳐 그의 모든 것을 가져오신다면, 그도 당신을 배반하고 당신 면전에서 저주할 것입니다."

하나님이 사탄에게 말했다.

"사탄아, 욥의 모든 것을 네 수하에 두마. 그의 아들이며 가축이며 양떼를 네 맘대로 하여라. 다만 그의 몸에는 네 손을 대지 마라."

사탄은 하나님 앞에서 물러섰고, 곧 욥에게 시련이 닥쳐왔다. 어느 날 급하게 욥을 찾아온 자가 말했다.

"황소가 밭은 갈고 당나귀가 풀을 뜯고 있는데, 사막에서 야만인들이 와서는 그것들을 모두 데려가고, 황소와 함께 일하는 사람과 당나귀를 돌보는 사람들을 살해했어요. 그래서 저만 도망쳐 왔지요." 그때 다른 사람이 뛰어들어왔다.

"번개가 양떼와 그들을 보살피는 사람에게 떨어져 저만 살아왔어요."

이 사람이 말을 채 끝내기도 전에 또 다른 사람이 달려왔다.

"갈대아 사람들이 세 부대나 쳐들어와서 낙타를 모두 가져갔어요. 그러고는 같이 있던 사람들을 모두 죽였는데 용케도 저만 살아남았어요."

동시에 한 사람이 더 들어와서 말했다.

"당신의 아들딸이 장남 집에서 음식을 들고 있을 때 사막에서 큰 바람이 불어와 집을 부수고 그들을 덮쳤어요. 아들딸은 전부 죽고 저만 살아남아 이 얘기를 전합니다."

욥은 아들딸을 비롯해 황소, 당나귀, 양 등 모든 것을 잃고 말았다. 하루아침에 자식까지 잃은 알거지가 된 것이다. 그러나 욥은 하나님 앞에 얼굴을 묻고 말했다.

"알몸으로 세상에 태어났고 알몸으로 세상을 하직할 것입니다. 당신이 주신 것을 당신이 가져갔지요. 당신의 이름을 축복합니다."

모든 것을 잃었지만 욥은 하나님을 배반하지도 않았고 비난하지도 않았다.

다시 천사들과 욥에게 해를 끼친 사탄이 하나님 앞에 섰다. 하나님이 사탄에게 물었다.

"충신 욥을 보았느냐? 세상에 그처럼 선하고 완벽하며 신을 두려워하여 악을 행하지 않는 자는 없을 것이다. 얼마나 선한지 보았느냐?"

그러자 사탄이 말했다.

"그는 자신의 생명을 위해서는 모든 것을 주겠지요. 그러나 당신이 손을 뻗쳐 그의 뼈와 살을 취한다면 당신을 배반하고 저주할 것입니다."

하나님이 사탄에게 말했다.

"욥을 네 손에 넘기마. 하고 싶은 대로 해라. 하지만 목숨만은 남겨 두어라."

사탄은 나와서 욥의 발꿈치부터 머리끝까지 온몸에 부스럼이 나게 했다. 그는 고통 속에서 잿더미에 앉아 있었지만, 한마디도 하나님을 원망하지 않았다.

그의 아내가 말했다.

"하나님께 봉사해 봤자 무슨 소용이 있나요? 차라리 그를 비난하고 죽는 게 낫지요." 그러나 욥이 나무라듯 말했다.

"참 바보 같은 말을 하는군. 뭐라고? 하나님한테서 이익만 취하라고? 절대 해는 입지 말고?" 결국 욥은 하나님을 비난하지 않았다.

그때 친구인 엘리바스, 빌닷, 소발이 다가와서 그의 슬픔과 고통을 위로하려 했다. 하지만 그들의 말은 위로가 아니었다. 그들은 욥이 큰 죄를 지어서 이 모든 고통이 일어났다고 생각하여 하나님을 노하게 만든 악행을 고백하라고 설득했다. 대부분의 사람들은 고통, 병, 친구의 죽음, 재산을 잃는 것 모두 하나님이 죄지은 자에게 노하셔서 내린 벌이라고 믿었다. 욥에게 재앙이 내린 것도 그가 큰 죄를 지었기 때문이라고 생각한 것이었다. 욥은 바르게 살려고 노력했고, 자신도 왜 이런 고통이 왔는지 알지 못한다고 말했다. 그렇지만 하나님이 부당한 고통을 준다고 말하지는 않았다. 그는 하나님의 방식을 이해할 수 없었지만, 하나님은 선하다 믿었고 자신을 그의 손에 맡겼다. 마침내 하나님은 욥과 친구들에게 자신은 모든 사람에게 공평하다고 말했다.

"너희는 욥이 말한 것처럼 내가 공정하다고 말하지 않았도다. 이제 나에게 봉헌해라. 욥이 너희를 위해 기도를 올릴 것이고, 그를 위해 너희를 용서하마."

욥은 친구들을 위해 기도했고, 하나님은 그들을 용서했다. 욥이 모든 고통에도 하나님께 충성했으므로 그를 다시 축복하여 부스럼을 없애고 전보다 두 배의 양과 소, 낙타, 당나귀를 주셨다. 또한 아들 일곱과 세 딸을 주셨는데, 욥의 딸처럼 아름다운 여인은 없었다. 욥은 오랫동안 신의 보호 아래 착하고 부유하게 살았다.

● 7월 품성 주제: 헌신

Commitment

:: 교육 일정

1일 제안 시간 50분 – 강의: 20분, 학생 토론과 나눔: 20분, 마무리: 10분

[1주]

1일: 주제 품성과 덕목의 뜻을 설명한 후 그룹별로 토론한다.

2일: 품성의 정의와 나의 결심을 설명하고 암송영어 포함한다. 내일의 숙제
를 상기시킨다.

3일: 품성의 정의와 나의 결심을 암송했는지 확인한다. 매일 시작할 때
암송한다.

[숙제] 각자 집에서 품성 이야기를 소리 내어 읽고 내용을 세 줄로 요약
한 다음, 이야기에 나타난 덕목을 파악하여 나의 소감을 세 줄로 정리
한다. 그것을 바탕으로 두 사람씩 짝을 지어 깨달은 점을 나눈다.

4일: 주제 품성에 관련된 정의와 나의 결심, 격언 또는 명언을 포함한 포
스터를 만들어 교실이나 복도에 게시한다.

5일: 주제 품성을 실천하는 모범을 보여 신문, 방송, 잡지에 소개된 사람
과 위인, 영웅 이야기를 사진과 함께 스크랩하여 학급에서 발표한다.

[2주]

1일: 주제 품성에 따른 봉사 활동을 생각해 내고 정리한 후에 실행 방법
을 작성한다.

2일: 주제 품성을 가정에서 부모님께 실천할 수 있는 사례를 생각해 내고
작성하여 학급에서 나눈다.

3일: 학급에서 나눈 주제 품성을 정리한 후 부모님께 실천하겠다는 편지를 써서 부모님께 드린다.

4일: 주제 품성을 학교에서 선생님 또는 교직원들에게 실천할 수 있는 방법을 생각해 내고 포스터로 만들어 교실이나 복도에 게시한다.

5일: 주제 품성을 같은 학급 친구들이 실천할 수 있는 방법을 생각해 내고 포스터로 만들어 교실에 게시한다.

[3주]

1일: 주제 품성을 선생님 또는 교직원이 학생들에게 실천할 수 있는 방법을 생각해 내고 포스터를 만들어 복도에 게시한다.

2일: 주제 품성을 부모님이 아이들에게 실천할 수 있는 방법을 생각해 내고 포스터를 만들어 가정의 적당한 곳에 게시한다.

3일: 아이들이 가정에서 부모님께 주제 품성을 잘 실천한 사례를 적고 학급에서 나눈다.

4일: 학생들이 학교에서 선생님께 주제 품성을 잘 실천한 사례를 적고 학급에서 나눈다.

5일: 학생들이 학급에서 친구들에게 주제 품성을 잘 실천한 사례를 적고 학급에서 나눈다.

[4주]

1일: 주제 품성의 정의와 나의 결심 암기 대회를 학급에서 실시하고 품성 칭찬을 한다.

2일: 주제 품성의 봉사 활동을 성공리에 실시한 사례를 나누고 축하한다.

3일: 주제 품성을 실행한 선생님 또는 교직원에게 "좋은 OO 품성의 모범" 상장을 수여한다.

4일: 주제 품성의 모범을 잘 보인 학급 친구들에게 "좋은 OO 품성의 모범" 상장을 수여한다.

5일: 주제 품성 실천을 통해 얻은 다양한 결과를 이야기로 정리하여 교사, 부모, 학생들에게 배부한다.

"진정한 애국심은 순간적으로 연광하는 감정의 폭발이 아니라 일생을 통한 헌신이다."
애들레이 스터븐슨 Adlai Stevenson

[목적] 모든 사람의 인생에는 특별한 책임을 수반하는 역할이 있다. 아들과 딸의 역할처럼 선택의 여지 없이 주어진 것도 있지만 음악가나 운동선수처럼 우리가 선택하는 역할도 있다. 헌신의 가치를 생각하면 학생들이 자신이 말한 것을 지켜서 목표를 성취할 때까지 존중, 책임, 자애심, 믿음의 덕목을 실천하도록 격려할 것이다. 헌신은 가치 있는 목표, 이슈 또는 개념에 공약하는 것을 말한다. 헌신에 따라오는 것은 약속을 지키고 의무를 다하며 끝까지 참여하겠다는 맹세다.

미 연방 정부 공무원 450만 명 중 대통령이 임명하는 공직자가 있는데, 장관을 비롯해 부차관보에 이르기까지 2,500명의 고위 공직자는 임명동의안을 상원에서 인준받아야 하는 핵심 인물들이다. 「대통령 내정자들을 위한 생존 지침서」*The Survivor's Guide for Presidential Nominees*에 따르면 고위 공직자 선정 기준은 3C, 즉 역량competence, 품성character, 헌신commitment이다. competence의 사전 정의는 능력, 역량, 적성,

실력, 적격성 등 다양하다. 일을 수행하려면 기본으로 실력이 필요한데 우리는 '실력' 하면 지식을 강조한다. 그러나 실력만으로는 나랏일을 효과적으로 수행할 수 없으므로 다양한 기준으로 역량을 평가한다. 능력 이상으로 인격이 중요하기에 품성이 증명되어야 하고 그 위에 개인의 명예가 아니라 나라와 국민을 위해 봉사하려는 애국심, 충성심으로 헌신하는 자세가 있어야 한다. 강영우, 2004

헌신의 정의와 나의 결심

헌신: 불충실

사람 또는 가치 있는 목표나 개념을 위해 몸과 마음을 굳게 맹세하는 것

Commitment vs. Unfaithfulness: A pledge to a person, worthy goal, or concept with all your strength and your hearts

나의 결심

- 어려운 시기에도 가족과 권위자에게 정중히 대하겠다.
- 어려움에 처한 사람을 사랑과 친절로 격려하겠다.
- 나의 권위자들이 없는 데서 그들을 조롱하거나 비판하지 않겠다.
- 나를 믿는 사람들의 비밀을 지켜서 신뢰를 배반하지 않겠다.
- 직장, 단체, 나라의 법과 질서를 지켜서 충성하겠다.

연어는 바다에서 살다가 알을 낳기 위해 다시 강물로 돌아간다. 강의 급류를 거슬러 헤엄치거나 폭포도 뛰어오르며 수백 마일을 이동해 목적지에 도달한다. 산란한 암컷 연어는 수컷 연어가 와서 수정할 때까지 기다리는데 그중 50퍼센트는 몇 주 이내에 죽는다.

충성loyalty: '국가나 윗사람 등을 위해 진정에서 우러나오는 정성을 바치는 마음'이다. 자신이 헌신한 것에 대한 믿음을 말한다. 나라에 충실한 사람은 충신忠臣이라 하고, 약속을 지키는 것은 서약에 충실하다고 하며, 사람에게 충성하는 것은 충성스러운 친구라 하고, 책임에 충실한 것은 충성된 행동이라 한다. 헌신, 의무, 봉헌, 충절은 충성과 함께 사용하는 좋은 개념이다.

충성Loyalty: 불성실Unfaithfulness

힘든 시기에도 나의 윗사람들에게 몸과 정성을 다하는 것

Demonstrating my body and earnest commitment to those I serve during difficult times

캐나다거위 이야기[13]

캐나다거위는 거위류 중 가장 쉽게 알아볼 수 있다. 캐나다거위가 새끼를 양육하는 지역으로 이동할 때 V자형으로 날아가는 것을 흔히 볼 수 있다. 공격자의 위협을 받을 때도 죽을 각오를 다해 충성으로 둥지를 지킨다. 어미 거위는 새끼들을 위해 헌신하며, 필요하다

면 생명도 내놓는다. 거위는 자기가 품은 알을 포기하기보다는 차라리 폭설 밑에서 숨이 막혀 질식하는 것으로 알려졌다.

어미 캐나다거위의 충성

캐나다거위는 4월에 둥지를 짓고 알을 낳는다. 하루에 한 개꼴로 여러 날 동안

---

13 출처: 안주영 역, 한국품성계발원,『품성 첫째! 회보: 충성』.

알을 낳는다. 일단 다섯 알을 낳으면 어미 거위는 알들을 품기 시작한다. 38도나 38.5도를 유지하며 28일 동안 알을 품는데 아주 잠깐씩만 둥지를 비운다.

암컷과 수컷은 서로 헌신할 것이 분명하면 인사 예식을 치른다. 예식을 치르는 동안 두 마리 거위가 얼마나 잘 맞춰서 번갈아가며 노래를 부르는지 따로따로 주거니 받거니 부르는 노래가 마치 하나로 계속해서 부르는 소리같이 들린다. 그렇게 충성심의 유대가 세워지면 거위는 평생 함께 살기 위해 짝짓기를 한다.

둥지를 선택하면 알을 낳는다. 공격받기 쉬운 부화기가 되면 어미 거위는 생명을 걸고 충실하게 둥지를 방어한다. 위험한 것들이 둥지로 접근하는 것을 막기 위해 더 넓은 영토를 방어하는 아빠 거위도 충실하다. 미국너구리나 여우는 거위 알과 새끼들에게 가장 위험한 약탈자다.

새끼들은 일단 부화하면 재빨리 물에 적응한다. 호수를 가로질러 수영을 하든지 호숫가를 뒤뚱거리며 걷든지 언제나 어미 뒤에서 한 줄로 따라다닌다. 어미는 큰 물고기나 갑자기 달려드는 거북을 경계하는데, 격렬하게 날개를 쳐서 쫓아냄으로써 새끼들을 보호한다.

> *"신뢰를 얻는 것은 사랑을 받는 것보다 큰 축복이다."*
>
> 조지 맥도널드 George MacDonald

어느 봄날 알래스카에 때늦은 눈보라가 휘몰아쳤다. 차가운 함박눈이 내리기 시작하자 수십 마리의 캐나다거위가 따뜻한 배 밑의 알들을 바싹 끌어안았다. 바람을 동반한 눈은 계속해서 세차게 휘몰아쳤다. 1미터가량 쌓였지만 어미 거위는 알들을 포기하지 않았다. 며칠 후 봄볕이 눈을 녹이기 시작했고, 수십 마리 캐나다거위가 죽은 채로 발견되었다. 캐나다거위는 알을 포기하느니 차라리 눈 속에서 질식하여 죽는 길을 선택했다.

캐나다거위 가족의 충성

캐나다거위 가족의 충성심은 특이하게 강하다. 현명함, 신중함, 힘, 정절을 중시하는데 다른 새들에게는 없는 자질이다. 조류 전문가 코트라이트가 언급했듯이, 캐나다거위는 여러 면에서 사람들에게 모범이 될 수 있다. 겨울새들이 흩어지기 시작하면 수컷 캐나다거위는 암컷 가운데 한 마리를 선택해서 보호해 주겠노라고 제안한다. 암컷은 수컷을 가까이 따라감으로써 반응을 보인다.

노력effort이란 '무엇을 이루기 위해 있는 힘을 다해 부지런히 애쓰는 것'이다. 특히 정신적·육체적·영적 능력을 의도적으로 발휘하는 것이다. 노력은 열심히 일하는 과정에서 나타난다. 청교도의 노동 윤리를 극단적으로 받아들여서 일만 하고 가족과 자신의 건강은 태만히 하는 사람이 있는데, 확실한 목표를 성취하기 위해 상당한 노력의 대가를 지불해야 하는 경우는 따로 있다. 자신이 헌신한 것을 이루기 위해 열심히 일하려는 의지는 최우선 순위에 둘 가치가 있다.

헌신에 관한 토론과 질문

- 약속을 지키는 일이 왜 중요한가? 약속을 만든 예를 나눈 다음 그 약속을 지키는 것이 어떻게 어려운지 말하고, 약속을 지킨 결과와 지키지 못한 결과를 발표하라.
- 우리가 책임을 지키지 못하면 어떤 일이 벌어지는가?
- 당신 가족과 친구들이 약속한 것을 지키기를 기대하는가? 당신에게도 똑같은 기대를 하는가?
- 당신이 아무리 피곤하거나 하기 싫어도 약속한 것을 이룰 때까지 계속 노력할 수 있는가?
- 항상 최선을 다해 노력하는 것이 왜 중요한가?
- 간호사, 의사, 보이스카우트, 국회의원, 판사 등 사람들이 헌신하는 서약

은 어떤 것들인가?

- 그들의 헌신이 왜 그토록 중요한가? 사람들은 서로 어떤 헌신을 하나?^결
  혼, 대통령 취임

- 우리나라, 친구, 우리의 책임, 우리의 약속에 헌신하는 표시는 무엇인가?

- 우리는 충성스럽고 헌신한 사람이라고 말할 수 있는가? 말할 수 있다면
  그 이유는? 아니라면 그 이유는? 당신이 만들고 지킨 약속의 예를 나누어
  라. 약속을 지키기 어려웠는가, 쉬웠는가? 그 이유는 무엇인가?

- 당신은 신뢰성에 근거해 친구를 선택하는가?

- 즐기면서 열심히 일하는 것이 가능한가? 당신이 즐기기 때문에 정말 열
  심히 일하는가? 열심히 하는 모든 일을 즐기는 것이 가능한가?

■ 헌신의 덕목을 세우는 간단한 이야기를 소리 내어 읽거나 다른
사람에게 읽어 주어라.

헌신 스토리

형제에 대한 충성loyalty to a brother[14]

'가족에 대한 충성'은 일정한 의무들을 포함한다. 보이스카우트 책에서 나온
짤막한 이야기가 상기하듯이 우리가 사랑으로 수행하는 의무들이다.

• • •

프랑스의 같은 중대에서 전투 중인 두 형제 중 한 명이 독일 병사의 총탄에
맞아 쓰러지고 말았다. 위기를 면한 한 병사는 장교에게 달려가 전우를 데려오

---

14 월터 맥픽(Walter MacPeek), 출처: William J. Bennett, 최홍규 옮김, 『미덕의 책 2』(*The Book of Virtue*).

게 해 달라고 요청했다.

그러나 장교는 잘라 말했다.

"그는 아마도 죽었을 것이네. 그러니 자네가 그의 시체를 데려오려고 목숨을 걸어 봐야 아무 소용이 없을 걸세."

그러나 계속 간청하자 장교는 할 수 없다는 듯 허락했다. 그 병사가 형제를 어깨에 메고 방어선에 도달했을 때, 그 부상당한 병사는 죽고 말았다.

"그것 보게. 자네는 괜히 목숨만 잃을 뻔했지 않은가?"

"아닙니다."

그 병사가 대답했다.

"저는 그가 저에게 기대한 일을 했고, 저는 그 보상을 받았습니다. 제가 기어가 양팔을 잡았을 때 그가 말했습니다. '톰, 네가 올 줄 알았어…. 네가 꼭 올 거라는 느낌이 있었어….'"

훌륭하고 고상하며 희생하는 것을 기대하는 사람도 있지만, 많은 경우 우리가 충실하기를 기대한다.

황금률

"당신이 할 수 있는 것은 무엇이든 시작하라. 담대함과 비범함이 있고 그 안에 힘과 마법이 있다."

괴테

"최선을 다해 너 자신에게 정직하고 가족과 친구, 지역 사회를 위해 정직하게 헌신하라. 정직한 헌신은 100퍼센트의 자제력과 충성을 요구한다."

조 패터노(Joe Paterno, 대학 미식축구 코치)

위인 이야기

다이앤 포시Diane Fossey, 1932-1985

미국 캘리포니아 주 샌프란시스코 시에서 태어난 다이앤은 1954년 산호세주립대학교에서 작업요법사 학위를 받고 졸업했다. 그녀는 켄터키 주의 어린이 병원에서 수년간 일하다가 1963년 미국 동물학자 조지 셸러George B. Schaller의 책을 읽고 감명을 받아 아프리카로 건너갔다. 그곳에서 영국인 인류학자 루이스 리키Louis Leakey를 방문하는 중에 산악고릴라를 관찰하게 되었다. 그녀는 이 일을 계기로 아프리카에 남았고, 고릴라의 행동을 예리하고 끈기 있게 관찰한 결과 고릴라는 온순하고 사교성 있는 동물임을 알았다.

1967년 다이앤이 설립한 카리소케연구소는 국제적인 고릴라 연구 센터가 되었다. 그녀는 22년간 산악 고릴라의 생태 환경과 행동을 연구했으며, 저서『안개 속의 고릴라』Gorillas in the Mist, 1983는 고릴라의 연구 과정을 자세히 묘사하고 있다. 그녀는 1985년 캠프장에서 살해되었는데 일부 수사관들은 그녀가 고릴라 밀렵을 반대했기 때문에 살해당했을 것이라고 믿는다. 다이앤의 고릴라 연구와 보호 노력 덕분에 산악고릴라를 르완다 정부와 국제 과학 연구 단체들이 보호하게 되었다.

헌신 실행하기

- 당신이 어제 약속한 일을 오늘 행하라.
- 당신에게 책임을 다한 가족들에게 감사하라.
- 힘든 임무나 과제를 좀 더 열심히 끈기 있게 감당해 보라.
- 미루던 일을 찾아서 작정하고 완수하라.
- 책임을 다한 친구나 선생님을 인정하는 말을 하고 감사 카드를 보내라.
- 어려운 일에 좀 더 노력하고 그 목표를 위해 기술을 연마하라.

지역 봉사 아이디어

- 지역 사회를 위해 봉사할 일을 찾아서 헌신하라. 장난감, 서적 등을 모아 불우한 사람들을 위문하라.
- 학교와 동네에 헌신의 가치를 알려 주는 현수막을 설치하라.
- 에너지 절약 운동에 헌신하도록 지역 주민들을 격려하라.
  예: 사용하지 않을 때 전기 끄고 수돗물 잠그기
- 가족의 밤을 계획하여 가족 간의 헌신이 중요함을 알려라.

헌신에 관한 글 읽기

[숙제] 아래의 글을 읽고 다음과 같은 단계별 질문에 따라 1페이지 이내로 요약하라.

제목 _____

저자 _____

1. 저자가 이 글을 쓴 목적

_____

_____

_____

2. 줄거리

_____

_____

_____

3. 글을 읽기 전과 후에 생각이 달라진 점은 무엇인가?

_____

_____

_____

4. 글을 읽은 후 나의 결심

_____

_____

_____

단 한 분뿐인 아빠 Only a dad[15]

우리는 헌신하는 아버지, 특히 친아버지를 찬양해야 한다. 다음에 소개하는 에드거 게스트의 시 두 편은 헌신하는 아버지가 바라는 유일한 보상은 그 가족의 번영이라는 사실을 기억하는 데 도움을 줄 것이다. 셰익스피어가 이야기했듯이 "감사할 줄 모르는 아이를 갖는다는 것은 뱀의 이빨보다 더 모난 일이다."라는 사실을 결코 잊어서는 안 된다.

지친 얼굴을 한 단 한 분뿐이신 아빠가

부도 명예도 가져오지 못하면서

당신께서 얼마나 경기에 잘 임했는가를 보여 주려고

매일매일의 경기를 끝내고 집으로 돌아옵니다.

마음속에서 아빠의 기쁨이 넘쳐나는 모습과

기뻐하는 소리를 들을 수 있네.

---

15 에드거 게스트(Edgar Guest), 출처: William J. Bennett, 최홍규 옮김, 『미덕의 책 2』, *The Book of Virtues; The Book of Virtue for the Young People.*

자식 넷을 둔 단 한 분뿐이신 아빠가

수천만 명 중 한 분뿐이신 아빠가

집에서 기다리는 가족들을 위하여

고통이나 증오하는 흐느낌도 없이

삶의 채찍과 경멸도 견뎌 내면서

매일의 경쟁을 마치고 터벅터벅 걸어오시네.

부자도 아니고 자랑할 것도 없는 단 한 분뿐이신 아빠가

솟아오르는 군중 속의 단 한 분뿐이신 아빠가

거친 사람들이 비난할 때마다 침묵하면서

당신의 길에 닥쳐오는 어떤 일에나 대처하면서

사랑하는 가족들을 위해 그 모든 것을 견뎌 내면서

매일매일 개미처럼 일하시네.

단 한 분뿐이신 아빠는 당신의 모든 것을 주시네.

어린 자식들을 위해 작은 길을 닦으려고

당신의 아버지가 당신을 위해 행하신 것처럼

단호하고 비장한 용기를 가지고 행하시는

단 한 분뿐이신 최고의 아빠에게

내가 쓰는 글입니다.

Character Education

● *8월 품성 주제: 사랑*

Love

:: 교육 일정

1일 제안 시간 50분 – 강의: 20분, 학생 토론과 나눔: 20분, 마무리: 10분

[1주]

1일: 주제 품성과 덕목의 뜻을 설명한 후 그룹별로 토론한다.

2일: 품성의 정의와 나의 결심을 설명하고 암송^{영어} 포함한다. 내일의 숙제를 상기시킨다.

3일: 품성의 정의와 나의 결심을 암송했는지 확인한다. 매일 시작할 때 암송한다.

　　[숙제] 각자 집에서 품성 이야기를 소리 내어 읽고 내용을 세 줄로 요약한 다음, 이야기에 나타난 덕목을 파악하여 나의 소감을 세 줄로 정리한다. 그것을 바탕으로 두 사람씩 짝을 지어 깨달은 점을 나눈다.

4일: 주제 품성에 관련된 정의와 나의 결심, 격언 또는 명언을 포함한 포스터를 만들어 교실이나 복도에 게시한다.

5일: 주제 품성을 실천하는 모범을 보여 신문, 방송, 잡지에 소개된 사람과 위인, 영웅 이야기를 사진과 함께 스크랩하여 학급에서 발표한다.

[2주]

1일: 주제 품성에 따른 봉사 활동을 생각해 내고 정리한 후에 실행 방법을 작성한다.

2일: 주제 품성을 가정에서 부모님께 실천할 수 있는 사례를 생각해 내고 작성하여 학급에서 나눈다.

3일: 학급에서 나눈 주제 품성을 정리한 후 부모님께 실천하겠다는 편지를 써서 부모님께 드린다.

4일: 주제 품성을 학교에서 선생님 또는 교직원들에게 실천할 수 있는 방법을 생각해 내고 포스터로 만들어 교실이나 복도에 게시한다.

5일: 주제 품성을 같은 학급 친구들이 실천할 수 있는 방법을 생각해 내고 포스터로 만들어 교실에 게시한다.

[3주]

1일: 주제 품성을 선생님 또는 교직원이 학생들에게 실천할 수 있는 방법을 생각해 내고 포스터를 만들어 복도에 게시한다.

2일: 주제 품성을 부모님이 아이들에게 실천할 수 있는 방법을 생각해 내고 포스터를 만들어 가정의 적당한 곳에 게시한다.

3일: 아이들이 가정에서 부모님께 주제 품성을 잘 실천한 사례를 적고 학급에서 나눈다.

4일: 학생들이 학교에서 선생님께 주제 품성을 잘 실천한 사례를 적고 학급에서 나눈다.

5일: 학생들이 학급에서 친구들에게 주제 품성을 잘 실천한 사례를 적고 학급에서 나눈다.

[4주]

1일: 주제 품성의 정의와 나의 결심 암기 대회를 학급에서 실시하고 품성 칭찬을 한다.

2일: 주제 품성의 봉사 활동을 성공리에 실시한 사례를 나누고 축하한다.

3일: 주제 품성을 실행한 선생님 또는 교직원에게 "좋은 OO 품성의 모범" 상장을 수여한다.

"믿음, 소망, 사랑 그중에 제일은 사랑이라."

[목적] 비아냥sarcasm은 "은근히 얄미운 태도로 비웃으며 놀린다."라는 뜻이다. 보통은 빈정거리는 표현을 말한다. 자신이 얼마나 재치 있다고 생각하든 다른 사람에게 상처 입히는 것은 위험하다. 비아냥은 성실의 반대다. 앰브로스 비어스Ambrose Bierce는 비아냥을 "미심쩍은 지성에 대한 의심스러운 무기다."라고 경고했다. 우리가 존중을 강조하면서 배운 황금률은 친구들에게 비아냥거리지 않도록 더욱 조심해야 한다는 것을 논리적으로 설명해 준다. 긍정적으로 인정해 주고 격려하는 것이야말로 더 성실히, 정답게, 사랑으로 다른 사람을 배려하는 좋은 태도다.

성경은 "사랑이 율법을 완성한다."라고 하면서 "사랑은 모든 법칙을 완성하는 최고의 법칙이요, 모든 구약의 계명을 지키는 새 계명이다."라고 강조했다. 이 완전함은 그리스도가 십자가에서 이룬 사랑이다. 요한 웨슬레는 "완전한 사랑은 선한 양심의 행위다."라고 했다.

우리가 느끼는 여러 가지 사랑에 대해 수많이 적고 있는데, 그중에는 부모와 자식 간의 사랑, 형제 간의 사랑, 남녀 간의 사랑, 다른 사람의 복지에 관심을 갖고 조건 없이 돌보는 아가페 사랑 등이 있다.

"사랑은 오래 참고 사랑은 온유하며 시기하지 아니하며 사랑은 자랑하지 아니하며 교만하지 아니하며 무례히 행하지 아니하며 자기의 유익을 구하지 아니하며 성내지 아니하며 악한 것을 생각하지 아니하며 불의를 기뻐하지 아니하며 진리와 함께 기뻐하고 모든 것을 참으며 모든 것을 믿으며 모든 것을 바라며 모든 것을 견디느니라."고전 13:4-7고 했다. 모든 품성의 완전함을 이루는 것은 아가페 사랑이다. 아가페 사랑이야말로 우리가 최고의 가치로 삼는 덕목이다.

사랑의 정의와 나의 결심

사랑: 이기심

다른 사람의 유익을 위해 친절하게 관심을 갖는 것

Love vs. Selfishness: kindly concern for the good of another

나의 결심

• 사랑은 모든 품성을 완성하는 최고의 덕목임을 인식하겠다.
• 사랑받기보다는 내가 먼저 다른 사람을 사랑하겠다.
• 어려운 이웃을 정성을 다해 후한 마음으로 돕겠다.
• 성내지 아니하고 시기하지 않고 참고 견디는 모범을 보이겠다.
• 악을 멀리하고 무례하지 않으며 의와 진리의 거룩한 생활을 하겠다.

사랑은 세상에서 가장 많이 사용하는 주제다. '진정한 사랑이란 무엇인가?'

라는 질문은 항상 신비로 남아 있다. 스캇 펙M. Scott Peck은 "사랑이란 사람의 단어로 이해하고 측량하거나 제한하기에는 너무나 크고 너무나 깊다."라고 설명한다. 헨리 드러먼드Henry Drummond는 사랑을 "최고의 선"이라고 표현하면서 성경에서 "믿음, 소망, 사랑 이 세 가지 가운데 사랑이 제일이라."고 한 말을 지적한다.

보조 덕목

- 우정friendship: '친구 사이에 사랑으로 나누는 친한 마음'이다. 위에서 말한 사랑의 정의에 부합되며 서로에 대한 감정을 표현하는 성실함을 말한다. 우리는 친근한 감정을 불성실하게 표현하곤 한다. 성실함은 정직함을 암시하며 사람들을 대할 때 더 정직하게 만든다.

- 친절kindness: '매우 친근하고 다정한 태도'로 다른 사람에 대한 사랑과 존중의 표현이다. 친절은 수용성, 격려, 후원하는 말, 위로, 도움, 후함, 온정의 행위이며 우리가 존중하는 감정을 행동으로 옮기는 것이다.

사랑에 관한 토론과 질문

- 우리 반에서 사랑을 어떻게 보여 줄 수 있는가? 학교에서는? 가정에서는?
- 사랑하는 사람이 되려고 노력하는 것이 왜 중요한가?
- 우리 반에서 매일 볼 수 있는 사랑의 예는 어떤 것인가? 학교에서? 가정에서?
- 당신이 감사하며 받는 사랑의 표현은 어떤 것이 있는가?
- 우리가 사랑받는 것이 왜 중요한가?
- 사람들은 어떻게 친구가 되는가?
- 좋은 친구가 되는 데 중요한 점은 무엇인가?

- 한 사람 이상의 친구를 가질 수 있는가? 친구가 몇 명인가?
- 가족 구성원들이 친구가 될 수 있는가?
- 타인이 하는 말이 진실하다는 것을 어떻게 아는가? 약속을 지키는 것은 왜 중요한가?
- 남녀의 사랑이 아닌 사랑을 어떻게 정의할 수 있는가?
- 좋은 친구들 사이의 사랑 표현에는 어떤 것이 있는가?
- 낯선 사람과 사랑을 나누는 것이 가능한가?
- 친구에 대한 관심과 노숙자에 대한 관심의 차이는 무엇인가?
- 좋은 우정에서 기대하는 품성은 무엇인가?
- 당신의 친구는 당신에게 좋은 품성을 기대하는가?
- 우정이 돈독해지는 데 얼마나 걸리는가?
- 우정을 방해하는 것은 무엇인가? 우정에 금이 가는 것을 극복하고 우정을 회복할 수 있는가?
- 인간관계에서 성실함은 얼마나 중요한가? 그 이유는?

사랑 이해하기

"사랑은 순수해야 합니다. 악을 미워하고 선을 행하십시오."

"내가 사람의 방언과 천사의 말을 하더라도 사랑이 없으면 소리 나는 놋쇠와 울리는 꽹과리에 지나지 않습니다. 내가 예언하는 능력을 지녔고 온갖 신비한 것과 모든 지식을 이해하고 산을 옮길 만한 믿음을 가졌다고 하더라도 사랑이 없으면 아무것도 아닙니다. 내가 가진 모든 것을 가난한 사람들에게 나눠 주고 내 몸을 불사르게 내어 준다고 해도 사랑이 없으면 아무런 이익이 되지 않습니다.

사랑은 오래 참고 친절하며 질투하지 않고 자랑하지 않으며 잘난 체하지 않습니다.

사랑은 버릇없이 행동하지 않고 이기적이거나 화내지 않으며 악한 것을 생각하지 않습니다.

사랑은 불의를 기뻐하지 않고 진리와 함께 기뻐합니다.

사랑은 모든 것을 참고 모든 것을 믿으며 모든 것을 바라고 모든 것을 견딥니다.

사랑은 결코 없어지지 않습니다. 그러나 예언도 없어지고 방언도 그치고 지식도 사라질 것 입니다.

그러므로 믿음, 희망, 사랑, 이 세 가지는 항상 남아 있을 것인데 그중에 제일은 사랑입니다."

황금률

"사랑은 나비와 같아서 기쁨을 주는 곳에 가고, 사랑이 가는 곳마다 기쁨을 얻는다."

윌리엄 펜(William Penn)

"우정이 없는 사랑은 해가 없는 그림자와 같다."

일본 속담

"많은 것을 사랑하는 것은 좋은 일이다. 사랑에는 진정한 힘이 있고, 많이 사랑하는 자는 많이 성취할 수 있으며, 사랑으로 행하는 일은 아주 잘된다."

빈센트 반 고흐(Vincent van Gogh)

위인 이야기

성 프란치스코1182-1226

이탈리아 중부 아시시에서 태어난 프란치스코는 성공한 직물상의 아들로 부유하게 자랐다. 스무 살 때 전쟁포로가 되고 여러 차례 종교 체험을 한 끝에 아버지의 유산과 명예를 버리고 가난과 청빈을 서약한 뒤 빈곤한 사람들을 돌보는 일에 자신을 바쳤다. 그는 교회가 모든 사람과 모든 피조물을 사랑해야 한다는 그리스도의 사명으로 돌아가야 한다고 믿었다.

프란치스코의 삶에 감동받은 수많은 젊은이가 그의 뜻에 동참했다. 1209년에는 교황에게 새로운 형태의 종교 공동체를 제안하여 프란치스코 수도회를 만들었다. 그는 1223년까지 기도와 명상에 집중하고 수도회의 다른 업무와 결정은 다른 사람들에게 맡겼다. 생애 마지막 2년은 실명에 가까운 상태로 살았으며, 사망한 지 2년 후에는 성자로 추대되었다.

조애너 맨스필드 설리번 메이시 Johanna Mansfield Sullivan Macy, 1866-1936

미국 매사추세츠 주 피딩힐스에서 태어난 앤 설리번은 헬렌 켈러의 평생 친구가 되었다. 1905년 존 메이시와 결혼했고, 21살인 1887년에 눈도 멀고 귀도 안 들리고 말도 못하는 헬렌 켈러의 교사로 임명되었다. 다른 교사들은 헬렌을 가르치는 데 실패했으나 앤 설리번은 포기하지 않고 사랑을 다하여 가르쳤다. 인내와 용기를 잃지 않은 앤의 사랑이 항상 겁에 질려 있고 발육이 미숙한 헬렌을 성공으로 이끌었다. 그리고 두 사람은 가까운 친구요, 동반자가 되었다.

사랑 실행하기

- 힘들게 고생하는 사람들에게 도움의 손길과 위로의 말로 격려하라.
- 비아냥거림 없이 당신이 말하고 싶은 것을 부드럽게 전하라.
- 낯선 사람에게도 친절하게 말하라.
- 가족들에게 사랑한다고 말하라.
- 당신의 참된 우정을 미소로 표현하라.

지역 봉사 아이디어

- 병원에 입원했거나 퇴원한 이웃에게 사랑의 선물을 전하라.

- 불우한 이웃이나 친구들에게 필요한 물건으로 사랑을 표현하라.
- 사랑과 우정의 글을 지역의 공공 장소에 전시하라.
- 장병들을 방문하고 노래, 춤 등으로 사랑을 표현하라.
- 노숙자 센터나 고아원을 방문하여 봉사하라.

사랑에 관한 글 읽기

[숙제] 아래의 글을 읽고 다음과 같은 단계별 질문에 따라 1페이지 이내로 요약하라.

제목 _____

저자 _____

1. 저자가 이 글을 쓴 목적

_____

_____

_____

2. 줄거리

_____

_____

_____

3. 글을 읽기 전과 후에 생각이 달라진 점은 무엇인가?

_____

_____

4. 글을 읽은 후 나의 결심

_____

_____

_____

전쟁터의 천사 The Angel of the Battlefield[16]

클라라 바튼1821-1912은 남북전쟁 당시 부상자들을 돕는 일을 함으로써 전장의 천사로 잘 알려져 있다. 미국 적십자사 설립자로서 박애 사업의 가장 위대한 선구자로 자리를 지키고 있다.

• • •

찌르는 듯한 통증이 조금 희미해질 즈음 잭 깁스는 다시 생각했다.

"난 다시 집으로 돌아가지 못할 거야."

그는 신음소리를 냈다.

"어쨌든 난 이것으로 끝이야."

그는 한숨을 쉬며 자신의 몸을 차갑고 거친 땅에서 좀 더 편안한 자세로 틀려고 했다. 그러나 몸을 움직이자 다시 따뜻한 피가 흘러내렸다. 그는 조금이라도 살기를 바란다면 꼼짝 않고 누워 있어야 된다는 것을 깨달았다.

"그들이 날 후방의 병원으로 이송해 갈 땐, 이미 피를 많이 흘려 죽었거나 아니면 썩어 문드러진 내 다리 하나를 자르지 않을 수 없을 거야. 그럼 수잔에게 난

---

16 조안나 스트롱과 톰 B. 레오나드(Joanna Strong and Tom B. Leonard) 편저, 출처: William J. Bennett, 최홍규 옮김, 『미덕의 책 1』(*The Book of Virtue).*

어떤 남편이 되는 거지? 난 수잔에게 다리가 하나뿐인 남편이…."

먹구름이 그의 머리 위로 드리워졌다. 그리고 그는 차츰 의식을 잃어갔다.

그가 다시 눈을 떴을 때, 잭은 자신이 죽어서 하늘나라에 와 있다고 생각했다. 한 여자가 자신을 내려다보고 있었다. 남북전쟁의 전쟁터에서는 그런 일이 일어날 수 없었다. 여자가 전쟁터로 나온 적은 한 번도 없었다. 어떤 여자가 그런 일을 하고 싶어 하겠는가! 그건 허락되지도 않는 일이 아닌가!

그러나 이 전쟁터에는 클라라 바튼이라는 한 여성이 있었다. 두 병사의 도움을 받아 그녀는 말이 끄는 마차에서 뜯어낸 임시 침대에 잭을 뉘었다. 그녀는 가방에서 붕대를 꺼내어 그의 다리를 감았다. 몇몇 남자들이 그를 형편없어 보이는 구급차에다 실었다. 클라라 바튼은 이런 일을 하루 종일 했다. 그녀는 수백 명의 부상자를 구조하고 그들의 두려움을 달래며 그들의 고통을 진정시키고 그들의 상처를 소독했다.

이 끔찍한 전쟁이 시작된 이후로 한결같이 그녀는 전방에서 싸우고 있는 병사들을 걱정해 왔다. 그녀는 부상자들이 전투가 끝날 때까지 전쟁터에 그대로 누워있다는 것을 알았다. 그들이 살아서 후송되어 간다 해도 마차가 심하게 흔들거리기 때문에 제대로 응급처치를 하지 않은 상처가 그대로 노출된다는 것을 알고 있었다. 또 종종 그들이 병원에 도착하기도 전에 피를 너무 많이 흘려 죽는다는 것도 알고 있었다. 부상자들이 이런 상황에 처해 있는 것을 보고 상심한 그녀는 바로 전쟁터에서 부상자들을 도와주기로 결심했던 것이다. 우선 그녀는 소형 트럭을 준비했다. 그리고 나서 구급약품과 모든 응급처치 기구를 싣고 면담하러 장군에게 갔다.

그녀는 키가 작고 호리호리한 여자였다. 군대를 지휘하는 지휘관의 눈에 그녀는 정확히 전쟁터에 내보낼 수 있는 재목으로는 보이지 않았다. 사실 그녀의 이런 생각은 그를 오싹하게 했다.

"바튼 양, 당신이 내게 요청하는 것은 절대로 불가능해요."

"하지만, 장군님!"

그녀는 강력히 주장했다.

"그것이 왜 불가능합니까? 제가 트럭을 몰고 가서 병사들을 도와줄 수 있는 데까지 도와주면 되지 않습니까?"

장군은 고개를 설레설레 흔들었다.

"전쟁터는 여자가 갈 만한 곳이 못 되오. 그곳에 가 보면 견딜 수가 없을 거요. 어쨌거나 우린 지금 병사들을 위해 할 수 있는 데까지 다 하고 있소. 이 이상은 도리가 없소."

"저는 할 수 있습니다."

클라라 바튼은 한마디로 잘라 말했다. 그러곤 마치 그 방에 막 들어선 사람처럼 전장에서의 응급처치 계획을 장군에게 계속 되풀이하여 설명했다.

이런 면담은 한없이 계속되었다. 아무리 거절을 해도 그녀는 단념하지 않았다. 마침내 장군은 설득당하고 클라라 바튼은 전선으로 들어가도 좋다는 통행증을 받았다. 남북전쟁 기간 내내 그녀는 갈 수 있는 곳은 어디든지 갔다. 그녀는 한시도 쉴 새 없이 일했다. 5일 동안 밤낮으로 일한 때도 있었다. 그녀는 군대에서 "사랑과 감사"라는 별명으로 불렸다.

정부는 그녀가 일을 해 나가는 것을 지켜 보면서 그녀에게 더 많은 협조를 보내었다. 군대는 그녀에게 좀 더 많은 트럭과 운전병을 지원해 주었다. 그리고 더 많은 의약품도 제공해 주었다. 하지만 그 일은 용감한 바튼 양에게 언제나 자신과의 가장 힘든 싸움이었다.

전쟁이 끝났을 때, 클라라 바튼은 당연히 받아야 될 휴가를 받을지도 모르는 일이었다. 하지만 그녀는 남편과 아버지와 형제의 생사를 모르는 불행한 사람들의 고통에 더 관심을 쏟고 있었다. 그녀는 이런 실종 군인들의 생사 소식을 알아내어 그 가족들에게 통보해 주는 일을 하기로 결심했다. 그녀는 전쟁을 직접 겪었기 때문에 전쟁이 전장에서 싸우는 병사들에게 어떤 것인지 알고 있었다. 그리고 그들이 남기고 간 가족들에게도 어떤 것인지 알고 있었다. 그녀는 스위스에서 장 앙리 뒤낭이라는 사람이 전시의 군인들을 도와주려는 계획을 세워 놓고 있다는 것을 알았을 때, 즉시 스위스로 달려가서 그의 일을 도왔다. 뒤낭은 "적십자"라는 조직을 창설했다. 이 조직에서 일하는 사람들은 눈에 띄기 쉽도록 흰색 바탕에 붉은색 십자가가 그려진 옷을 입고 있었다. 그들은 국적, 인종, 종교를 초월하여 모든 병사에게 도움을 줄 수 있도록 어느 전쟁터든 마음대로 들어가는 것이 허락되었다.

클라라 바튼은 또 하나의 생각을 해 냈다. 그녀는 미국으로 다시 건너가 미국 정부에 맞서 전시의 군인들을 돕는 조직체인 "국제적십자사"에 지원금과 보급품을 제공하는 가입국이 되어야 한다고 설득했다.

클라라 바튼은 위대한 적십자사 계획에 또 하나의 생각을 추가했다. '수정 조항'이라는 것이었다. 그녀는 사람들에게 이렇게 말했다.

"인류에게는 다른 많은 여러 가지 천재지변이 일어나고 있습니다. 지진, 홍수, 산림 화재, 전염병, 회오리바람 등의 재난이 갑자기 우리를 덮쳐 많은 인명을 앗아가고 사람들에게 집을 잃게 하며 기아에 허덕이게 합니다. '적십자사'는 지구상에 일어나는 어떤 재난이라 하더라도 그 모든 희생자에게 구원의 손길을 내밀어야 합니다."

오늘날 "국제적십자사"는 전 세계의 수만 명에게 원조를 보내고 있다. 이것은 클라라 바튼의 위대한 생각이었다. 그녀의 위대한 용기, 위대한 사랑, 위대한 자애로움은 영원히 존경받을 것이다.

Character Education

● *9월 품성 주제:* 지혜

Wisdom

:: 교육 일정

1일 제안 시간 50분 – 강의: 20분, 학생 토론과 나눔: 20분, 마무리: 10분

[1주]

1일: 주제 품성과 덕목의 뜻을 설명한 후 그룹별로 토론한다.

2일: 품성의 정의와 나의 결심을 설명하고 암송영어 포함한다. 내일의 숙제를 상기시킨다.

3일: 품성의 정의와 나의 결심을 암송했는지 확인한다. 매일 시작할 때 암송한다.

[숙제] 각자 집에서 품성 이야기를 소리 내어 읽고 내용을 세 줄로 요약한 다음, 이야기에 나타난 덕목을 파악하여 나의 소감을 세 줄로 정리한다. 그것을 바탕으로 두 사람씩 짝을 지어 깨달은 점을 나눈다.

4일: 주제 품성에 관련된 정의와 나의 결심, 격언 또는 명언을 포함한 포스터를 만들어 교실이나 복도에 게시한다.

5일: 주제 품성을 실천하는 모범을 보여 신문, 방송, 잡지에 소개된 사람과 위인, 영웅 이야기를 사진과 함께 스크랩하여 학급에서 발표한다.

[2주]

1일: 주제 품성에 따른 봉사 활동을 생각해 내고 정리한 후에 실행 방법을 작성한다.

2일: 주제 품성을 가정에서 부모님께 실천할 수 있는 사례를 생각해 내고 작성하여 학급에서 나눈다.

3일: 학급에서 나눈 주제 품성을 정리한 후 부모님께 실천하겠다는 편지를 써서 부모님께 드린다.

4일: 주제 품성을 학교에서 선생님 또는 교직원들에게 실천할 수 있는 방법을 생각해 내고 포스터로 만들어 교실이나 복도에 게시한다.

5일: 주제 품성을 같은 학급 친구들이 실천할 수 있는 방법을 생각해 내고 포스터로 만들어 교실에 게시한다.

[3주]

1일: 주제 품성을 선생님 또는 교직원이 학생들에게 실천할 수 있는 방법을 생각해 내고 포스터를 만들어 복도에 게시한다.

2일: 주제 품성을 부모님이 아이들에게 실천할 수 있는 방법을 생각해 내고 포스터를 만들어 가정의 적당한 곳에 게시한다.

3일: 아이들이 가정에서 부모님께 주제 품성을 잘 실천한 사례를 적고 학급에서 나눈다.

4일: 학생들이 학교에서 선생님께 주제 품성을 잘 실천한 사례를 적고 학급에서 나눈다.

5일: 학생들이 학급에서 친구들에게 주제 품성을 잘 실천한 사례를 적고 학급에서 나눈다.

[4주]

1일: 주제 품성의 정의와 나의 결심 암기 대회를 학급에서 실시하고 품성 칭찬을 한다.

2일: 주제 품성의 봉사 활동을 성공리에 실시한 사례를 나누고 축하한다.

3일: 주제 품성을 실행한 선생님 또는 교직원에게 "좋은 OO 품성의 모범" 상장을 수여한다.

"지혜를 얻는 것으로 충분하지 않다. 제대로 활용해야 한다."

키케로 Cicero, Marcus Tullius

[목적] 지혜를 가장 영예로운 가치로 강조하는 목적은 두 가지다. 우리는 지혜를 다른 사람을 인식하는 덕목으로 인정하고, 우리 자신을 위해 얻고자 노력하는 덕목으로 인식함으로써 타인을 섬길 수 있다. 크리슈나무르티Jiddu Krishnamurti가 다음과 같이 말했다.

"공부하라. 당신이 타인을 가장 잘 도울 수 있는 것부터 공부하라. 인내하며 열심히 배워라. 그렇게 해도 다른 사람이 당신을 지혜롭다고 칭찬하는 것도 아니고, 지혜롭다고 행복해지는 것은 더욱 아니다. 다만 지혜로운 사람은 폭넓은 도움을 줄 수 있다."

우리는 다양한 선택을 하고, 선택하는 순간에 시간을 충분히 가지면 지혜로운 결정을 내릴 수 있다. 지혜는 우리 안에서, 또 우리 주변에서 일어나는 일을 인식하는 것이다. 인식을 계발하면 지혜를 향한 첫 번째 단계를 취하는 것이다. 지혜는 나이를 더해 가면서 좋아하는 덕목이며 우리 주변, 관계, 자신을 인식할 때 얻는 품성이다. 우리는 종종 경험을 통해 얻는 것이 지혜라고 여긴다. 하지만 교육자는 학생들의 나이에 상관없이, 경험과 지식에 상관없이 학생들이 학업을 통해 지혜를 얻을 수 있고, 상호관계 속에서 지혜를 관찰할 수 있음을 안다.

지혜의 정의와 나의 결심

지혜: 어리석음

깊이 깨닫고 건전한 분별력으로 지식을 활용하는 능력

Wisdom vs. Folly: deep understanding; the ability to apply knowledge with sound discernment

나의 결심

- 부모님과 어른들의 통찰력에 귀를 기울이겠다.
- 실수를 통해 배우며 같은 실수를 반복하지 않겠다.
- 나 스스로 지혜롭다고 자랑하지 않겠다.
- 모든 일에는 따르는 결과가 있으므로 신중히 행동하겠다.
- 옳고 그릇된 것의 차이를 분별하겠다.

대부분의 올빼미는 야행성이라서 한밤중에 기습하여 먹이를 잡는다. 날개가 둔탁한 색인 데다가 비행할 때 소리를 내지 않고 예리한 청력과 머리에 비해 다소 큰 눈은 어둠 속에서도 볼 수 있기 때문에 지혜의 상징으로 알려져 있다.

보조 덕목

- 지식과 통찰력 knowledge and insight: 지식이란 '교육이나 경험 또는 연구를 통해 얻은 체계화된 인식의 총체'를 의미하며, 통찰력은 '사물을 환히 꿰뚫어 보는 능력'이다. 이상적으로 말하자면 교육이란 지식뿐 아니라 지혜까지

얻는 방법이다. 우리가 학생들에게 학업적으로, 사회적으로, 음악적으로, 예술적으로, 육체적으로, 영적으로 제공하는 경험을 통해 지식과 통찰력은 자연적으로 얻는 결과다.

그러나 크리슈나무르티J. Krishnamurti는 우리에게 주의를 준다.

"많은 사람이 지혜가 있다고 해서 당신이 그와 같은 지혜가 있다고 생각해서는 안 된다. 수세기 동안 믿어 왔기 때문에, 또는 사람들이 신성시하는 책에 적혀 있다고 해서 그 지혜가 합당하게 보일지라도 당신은 스스로 지혜가 있다고 생각하여 판단해서는 안 된다."

지혜는 본질적으로 우리가 소중히 여기고 학생들이 계발하도록 최선을 다하는 중요한 생각의 과정이다. 칼릴 지브란Kahlil Gibran은 다른 말로 표현한다.

"지혜로운 교육자는 지혜의 집에 들어오라고 지시하는 것이 아니라 지혜의 문턱까지만 인도한다."

지혜에 관한 토론과 질문

- 모든 사람이 학교에 갈 기회를 보장받아야 하는 것이 왜 중요한가?
- 학교에서 무엇을 배우는가?
- 무엇을 배우는 게 즐거운가? 그 배움이 당신에게 어떤 도움이 되는가?
- 이해하기 힘든 것은 무엇인가? 왜 힘든가? 어떻게 하면 이해하는 데 도움이 되겠는가?
- 학교에 다녀보지 못한 또래에게 학교의 목적을 어떻게 설명할 수 있는가? 그들이 설명을 들으면 학교에 가고 싶어 하겠는가, 아니면 싫어하겠는가?
- 학교에서 배우는 것 가운데 가장 중요한 것은 무엇인가?
- 무엇을 배우고 싶은가?
- 나이 들면서 지식의 도움을 받는 것은 무엇인가?

- 다른 사람이나 다른 문화에 대해 감사하고 이해하는 데 지식이 어떤 역할을 하는가?
- 학교 밖에서 책 없이 중요하게 배우는 것은 무엇인가?

■ 지혜의 덕목을 세우는 간단한 이야기를 소리 내어 읽거나 다른 사람에게 읽어 주어라.

솔로몬의 재판

솔로몬은 세상에 널리 알려진 이스라엘의 지혜로운 왕이었습니다.

어느 날 밤, 여호와께서 꿈을 통해 솔로몬에게 나타나 "내가 너에게 무엇을 주었으면 좋겠는지 말해 보아라."라고 말씀하셨다. 그래서 솔로몬은 이렇게 대답하였다.

"나의 하나님 여호와여, 이제 주께서 나의 아버지 다윗을 이어 나를 왕이 되게 하셨는데 아직 나는 어린아이와 같아서 내 직무를 어떻게 수행해야 할지 모르고 있습니다. 게다가 내가 다스릴 주의 택한 백성들은 그 수가 헤아릴 수 없을 만큼 많습니다. 그러므로 주의 백성들을 잘 다스리고 선과 악을 분별할 수 있는 지혜로운 마음을 나에게 주소서. 그렇지 않으면 내가 어떻게 이처럼 많은 주의 백성을 다스릴 수 있겠습니까?"

솔로몬이 지혜를 구하므로 여호와께서는 기뻐하시며 그에게 이렇게 말씀하셨다. "너는 오래 살게 해 달라거나 부를 얻게 해 달라거나 아니면 네 원수들을 죽여 달라는 요구를 할 수도 있었다. 그러나 네가 자신을 위해서 이런 것을 구하지 않고 다만 내 백성을 바르게 다스릴 지혜를 구하였으니 내가 네 요구대로 지혜롭고 총명한 마음을 너에게 주어 역사상에 너와 같은 자가 없도록 하겠다. 그리고 나는 또 네가 요구하지 않은 부귀와 명예도 너에게 주어 네 평생에 너와 같은 왕이 없도록 하겠다."

솔로몬이 눈을 떠 보니 그것은 꿈이었다. 그 후 두 창녀가 시빗거리로 왕을 찾아와서 한 창녀가 이렇게 말하였다. "임금님, 우리는 다같이 한 집에 살고 있습니다. 최근에 우리는 모두 아들을 낳았는데 제가 아이를 낳은 지 3일 만에 이 여자도 아이를 낳았습니다. 그때 집안에는 아무도 없었고 우리 둘만 있었습니다. 그런데 어느 날 밤, 이 여자는 잠을 자다가 자기 아이를 깔아 뭉개 죽이고 말았습니다. 그러자 이 여자는 밤 중에 일어나 내가 잠을 자는 사이에 내 곁에 누워 있는 내 아들과 죽은 자기 아들을 바꿔치기 했습니다. 다음 날 아침 일어나 젖을 먹이려고 보니 아이가 죽어 있지 않겠습니까? 그러나 날이 밝아 좀 더 자세히 보니 그 아이는 내 아들이 아니었습니다."

그때 다른 여자가 "아니야, 살아 있는 아이가 내 아들이고 죽은 아이는 네 아들이야." 하고 우겨대자 이번에는 처음 여자가 "아니야, 죽은 아이가 네 아들이고 산 아이는 내 아들이야." 하며 왕 앞에서 서로 다투었다.

그러자 솔로몬 왕은 "너희가 살아 있는 아이를 서로 자기 아들이라고 말하고 죽은 아이는 서로 남의 아들이라 주장하는구나." 하며 칼을 가져오게 한 다음 "산 아이를 둘로 잘라서 한쪽씩 나누어 주어라." 하고 명령하였다.

그러자 그 아이의 진짜 어머니는 자기 아들에 대한 사랑으로 마음이 찢어질 것 같아 왕에게 "임금님, 그건 안 됩니다. 제발 그 아이를 죽이지 마시고 저 여자에게 주십시오."라고 하였다. 그러나 다른 여자는 "좋다. 어차피 네 아이도 내 아이도 안 될 바에야 차라리 둘로 잘라 나누어 가지자."라고 하였다.

이때 왕은 "그 아이를 죽이지 말고 아이를 살려 달라고 애걸하는 저 여자에게 주어라. 그녀가 저 아이의 진짜 어머니이다." 하고 판결하였다.

이 소문이 온 이스라엘 땅에 퍼지자 백성들은 하나님이 솔로몬에게 놀라운 지혜를 주신 줄 알고 두려운 마음으로 그를 우러러보았다.

황금률

"지혜로운 여자는 가정을 행복하게 꾸미고 미련한 여자는 스스로 가정을 파괴
  한다."
성경

"내 말을 듣고 실천하는 사람은 반석 위에 집을 지은 지혜로운 사람과 같다."
성경

"자기 잘못을 인정하는 걸 부끄러워하지 말아야 한다. 그렇게 하는 것은 그가
  어제보다는 오늘 더 지혜롭다는 말이다."
알렉산더 포프(Alexander Pope)

"내가 아무것도 배울 게 없는 아주 어리석은 사람을 만난 적은 없다."
갈릴레오 갈릴레이(Galileo Galilei)

"지혜로운 사람은 선하고 건전한 이유와 좋게만 들리는 이유의 차이를 아는
  사람이다."
알렉산더 포프

위인 이야기

알버트 아인슈타인 Albert Einstein, 1879-1955

독일의 울름에서 태어난 아인슈타인은 아홉 살
때까지도 말하는 게 서툴러 부모가 저능아라고 생
각할 정도였다. 학교에 들어가서도 다른 아이들과
잘 어울리지 못하는 열등생이었다. 1학년 때는 담
임교사가 "이 아이는 지적 능력도 기대할 수 없는
데다 다른 아이들에게 방해될 뿐이니 학교에 보내
지 않았으면 좋겠다."라고 부모에게 통보하기도 했
다. 그런데 열두 살 때 유클리드의 기하학을 발견했고, 열여섯 살 때는 미분과 적
분을 발견했다. 하지만 아인슈타인은 학교생활을 견디지 못하고 부정적인 태도

때문에 퇴학까지 당했다. 과학 분야를 제외한 다른 과목은 공부하지 않아 취리히 연방공과대학의 입학 시험에도 합격하지 못했다.

역사적으로 과학 이론의 혁명을 일으켜 영예를 차지한 사람은 지동설을 주장한 코페르니쿠스, 만유인력을 발견한 뉴턴과 상대성 원리를 발견한 아인슈타인 등 손꼽을 정도다. 아인슈타인의 자연과학 분야의 통찰력과 지혜는 물리학자와 철학자들의 세계관을 영원히 바꾸어 놓았고, 그의 업적은 물리학을 문자 그대로 혁신시켰다. 그는 노벨 물리학상을 받기도 했다.

유대인 어머니들은 아이가 공부를 잘해도 일류 대학에 가야 한다고 강요하지 않는다. 그 대신 다른 아이들과 무엇이 다른지 찾아내서 그 부분을 북돋아 주고자 애쓴다. 사람은 저마다 개성이 있는 만큼 개성에 따라 긴 안목으로 봐야 한다는 것이 '유대식 교육'이다.

지혜 실행하기

- 영화나 비디오에서 본 특정 인물의 지혜에 대해 부모님과 토론해 보라.
- 당신 자신, 주변 사람들 그리고 세상의 경이로운 점을 생각해 보라.
- 당신이 느낀 경이로움을 적어 보라.
- 매주 좋은 책을 읽어라.
- 일주일에 한 가지씩 좋은 질문을 해 보라.
- 더 알고 싶고 이해하고 싶은 것에 대해 선배와 이야기해 보라.
- 항상 좋은 책을 읽는 습관을 지녀라.
- 당신이 존경하는 사람들이 아는 지식에 대해 질문해 보라.
- 당신이 이해하기 어려운 주제에 더 많은 시간을 할애하라.
- 지혜를 상징하는 그림으로 교실을 장식하라.
- 당신이 오늘 배운 지혜를 가족들과 나누고 가족들의 지혜를 들어보라.

지역 봉사 아이디어

- 양로원에 거주하는 어르신들과 대화하며 그들의 지혜를 배워 보라.
- 지역 독서 프로그램을 위해 책을 수집하라.
- 병원에 있는 아동들에게 책 읽어 주는 봉사를 하라.
- 한부모 가정이나 다문화 가정 아이들을 위해 학용품을 수집해 보라.
- 지혜를 상징하는 그림이나 사인, 현수막을 만들어 학교와 지역에 설치하라.
- 지혜를 위한 책 읽기 운동을 조직하고 실천해 보라.
- 지혜로운 지도자들을 학급에 초청해 그들의 지혜를 들어보라.

지혜에 관한 글 읽기

[숙제] 아래의 글을 읽고 다음과 같은 단계별 질문에 따라 1페이지 이내로 요약하라.

제목　_____

저자　_____

1. 저자가 이 글을 쓴 목적

_____

_____

_____

2. 줄거리

_____

_____

_____

3. 글을 읽기 전과 후에 생각이 달라진 점은 무엇인가?

_____

_____

_____

4. 글을 읽은 후 나의 결심

_____

_____

_____

■ 아래의 글을 골라 읽고 다음과 같은 단계별 질문에 따라 1페이지 이내로 요약하라.

소년과 땅콩[17]

우리의 욕망을 통제하는 가장 합리적인 이유는 손에 너무 많이 쥐고 있으면 결국 아무것도 얻지 못하기 때문이다.

· · ·

작은 소년이 식탁에서 땅콩 단지를 발견했다. 소년은 '좀 먹고 싶은걸. 엄마가 계시면 분명 주실 테니까 한 주먹 가득 꺼내야지.' 하고 생각하며 단지에 손을 크게 한 움큼 집어들었다. 그리고 다시 손을 꺼내려 했을 때, 단지 입구가 너무 좁다는 것을 알았다. 하지만 여전히 손을 꼭 쥐었다. 땅콩을 한 알도 놓치고 싶지 않았던 것이다. 계속 시도했지만 손 안에 든 걸 전부 꺼낼 수는 없었다. 결국 소년은 소리 내어 울기 시작했다.

그때 엄마가 방에 들어오셨다.

---

17 이솝, 출처: William J. Bennett, 최홍규 옮김, 『미덕의 책 1』(*The Book of Virtue*).

"무슨 일이냐?"

"땅콩 한 움큼을 꺼낼 수가 없어요."

소년이 흐느끼며 대답했다.

엄마가 대답했다.

"자, 너무 욕심내지 말고 두세 번에 나눠서 꺼내렴. 그러면 어렵지 않게 손을 뺄 수 있을 거다."

"이렇게 쉬운 것을."

소년은 식탁을 떠나면서 말했다.

"내가 생각해 낼 수도 있었는데…."

개구리와 우물[18]

신중한 자는 뛰기 전에 살핀다. 행하기 전에 두 번은 생각하라.

• • •

개구리 두 마리가 늪에서 함께 살았다. 그런데 여름이 되어 늪이 말라버리자 새로운 곳을 찾기 위해 길을 떠났다. 개구리는 축축한 곳을 좋아하기 때문이었다. 마침내 그들은 깊은 우물에 도착했고, 그중 한 마리가 속을 들여다보며 다른 개구리에게 말했다.

"시원한 게 아주 좋은 장소로군. 여기 들어가 살자고!"

그러나 현명한 다른 개구리는 생각이 달랐다.

"너무 서두르지 말게, 친구. 이 우물도 늪처럼 말라버리면 어떻게 나오겠는가?"

---

18 이솝, 출처: William J. Bennett, 최규홍 옮김, 『미덕의 책 3』(*The Book of Virtue*).

● 10월 품성 주제: 정직

Honesty

:: **교육 일정**

1일 제안 시간 50분 – 강의: 20분, 학생 토론과 나눔: 20분, 마무리: 10분

[1주]

1일: 주제 품성과 덕목의 뜻을 설명한 후 그룹별로 토론한다.

2일: 품성의 정의와 나의 결심을 설명하고 암송영어 포함한다. 내일의 숙제
　　를 상기시킨다.

3일: 품성의 정의와 나의 결심을 암송했는지 확인한다. 매일 시작할 때
　　암송한다.

　　[숙제] 각자 집에서 품성 이야기를 소리 내어 읽고 내용을 세 줄로 요약
　　한 다음, 이야기에 나타난 덕목을 파악하여 나의 소감을 세 줄로 정리
　　한다. 그것을 바탕으로 두 사람씩 짝을 지어 깨달은 점을 나눈다.

4일: 주제 품성에 관련된 정의와 나의 결심, 격언 또는 명언을 포함한 포
　　스터를 만들어 교실이나 복도에 게시한다.

5일: 주제 품성을 실천하는 모범을 보여 신문, 방송, 잡지에 소개된 사람
　　과 위인, 영웅 이야기를 사진과 함께 스크랩하여 학급에서 발표한다.

[2주]

1일: 주제 품성에 따른 봉사 활동을 생각해 내고 정리한 후에 실행 방법
　　을 작성한다.

2일: 주제 품성을 가정에서 부모님께 실천할 수 있는 사례를 생각해 내고
　　작성하여 학급에서 나눈다.

3일: 학급에서 나눈 주제 품성을 정리한 후 부모님께 실천하겠다는 편지를 써서 부모님께 드린다.

4일: 주제 품성을 학교에서 선생님 또는 교직원들에게 실천할 수 있는 방법을 생각해 내고 포스터로 만들어 교실이나 복도에 게시한다.

5일: 주제 품성을 같은 학급 친구들이 실천할 수 있는 방법을 생각해 내고 포스터로 만들어 교실에 게시한다.

[3주]

1일: 주제 품성을 선생님 또는 교직원이 학생들에게 실천할 수 있는 방법을 생각해 내고 포스터를 만들어 복도에 게시한다.

2일: 주제 품성을 부모님이 아이들에게 실천할 수 있는 방법을 생각해 내고 포스터를 만들어 가정의 적당한 곳에 게시한다.

3일: 아이들이 가정에서 부모님께 주제 품성을 잘 실천한 사례를 적고 학급에서 나눈다.

4일: 학생들이 학교에서 선생님께 주제 품성을 잘 실천한 사례를 적고 학급에서 나눈다.

5일: 학생들이 학급에서 친구들에게 주제 품성을 잘 실천한 사례를 적고 학급에서 나눈다.

[4주]

1일: 주제 품성의 정의와 나의 결심 암기 대회를 학급에서 실시하고 품성 칭찬을 한다.

2일: 주제 품성의 봉사 활동을 성공리에 실시한 사례를 나누고 축하한다.

3일: 주제 품성을 실행한 선생님 또는 교직원에게 "좋은 OO 품성의 모범" 상장을 수여한다.

"정직이 최선의 대책이다."

조지 워싱턴 Georges Washington

[목적] 어느 학교의 교사들을 대상으로 한 설문 조사에서 학생들이 배워야 할 가장 중요한 가치를 묻는 질문을 했더니 존중과 책임에 이어 정직이 세 번째로 나타났다. 정직을 강조하는 것은 학생들이 숙제와 시험에서 부정 행위를 하면서도 "남들도 다 그렇게 하는데…."라는 태도를 염려하는 것이다. '개가 개를 잡아먹는 식'의 수단과 방법을 다해 이겨야 한다는 비윤리가 많은 학생 사이에 만연되어 있다.

정직의 가치는 성취를 수반하는 업적이나 보상과 인정을 중요시함으로써 강조돼 왔다. 우리는 부정한 행위에 대해서는 어떻게든 분노를 나타내야 하는 반면, 정직한 행동을 얼마나 가치 있게 여겨야 하는가는 가르쳐서 알려 줘야 한다. 학급에서 영예로운 규범을 준수하고 운동 경기에서 스포츠 정신을 지키는 것은 정직을 감사하고 가치 있게 여기는 마음을 확신시켜 준다.

정직은 진실한 말을 하는 것 이상으로 행동에도 거짓이 없는 품성이다. 셰익스피어의 『햄릿』에서 폴로니우스가 아들에게 주는 충고는 정직과 행동의 관계를 잘 묘사한다.

"자기 자신에게 진실하라. 그러면 밤이 낮을 따르듯이 정직과 행동이 서로 따르게 되므로 당신은 어느 누구에게도 거짓이 될 수 없다."

남을 속일 수는 있어도 나 자신을 속일 수는 없는 법이다.

정직의 정의와 나의 결심

정직: 속임

진실을 말하며 마음이 바르고 솔직한 행위로 신뢰를 얻는 것

Honesty vs. Deception: Telling the truth; straightforward conduct to earn trust

나의 결심

- 선한 양심으로 진실한 말과 행동을 하겠다.
- 남을 핑계로 부정행위를 하여 나 자신을 속이지 않겠다.
- 거짓말하지 않고 속이지 않으며 훔치지 않겠다.
- 정직이 최선이라는 신조로 내 잘못을 밝히고 보상하겠다.
- 비열한 방법으로 말과 행동, 태도를 과장하지 않겠다.

미국의 초대 대통령인 조지 워싱턴은 어릴 때 아버지가 돌아가셨기 때문에 초등학교 정도의 교육을 받았지만 훗날 뛰어난 리더십을 발휘했다. 또한 16대 대통령 에이브러햄 링컨처럼 '정직한 소년'으로 존경받아 왔다.

보조 덕목

- 청렴integrity: '성품과 행실이 맑고 깨끗하며 재물 따위를 탐하는 마음이 없는 것'이다. 도덕적 예의범절을 내면에서 지키는 마음을 의미한다. 반면 정

직은 다른 사람과 나누는 보이는 관계에서 지키는 품성이다. 청렴은 완전하여 조각남이 없고 흠이 없는 상태를 말한다. 청렴의 동의어는 부패가 없는 완전함이며 청렴을 더 이해할 수 있는 반대어는 이중성, 두 마음 또는 분열이다.

- 진실Truth: '거짓 없이 바르고 참된 마음', 즉 말과 행동, 태도에 거짓이 없는 성실함이다. 첫 글자를 대문자로 쓰는 진리truth는 영적인 의미다. 진리를 하나님과 동의어로 사용하는 것이다.

정직에 관한 토론과 질문

- 당신이나 부모는 최근 얼마나 정직했는가?
- '자신의 일을 하는 것'이 왜 중요한가?
- 원하는 것을 얻기 위해 거짓말하는 게 왜 나쁜가?
- 어떤 경우에 진실을 말하는 것이 어려운가? 예를 들어 말해 보라.
- 정직하지 못한 말이나 행동을 하면 스스로 만족하는가? 당신이 정직하지 못해도 다른 사람들이 당신을 좋아하겠는가? 아니라면 그 이유는?
- 정직한 사람을 좋아하는 이유는 무엇인가?
- 황금률내가 대접받고 싶은 대로 남을 대접하라은 정직에 대해 무엇을 가르치는가? 예를 들어 말하라.
- 감정을 정직하게 표현하는 것이 왜 중요한가?
- 다른 사람의 감정이 상하지 않도록 정직하게 말하는 방법은 무엇인가?
- 정직하기 어려운 상황은 어떤 경우인가?
- 진실하지 않은 사람과 우정을 유지하기 어려운 이유는 무엇인가?
- '하얀 거짓말white lie'이란 무엇인가? 하얀 거짓말이 잠재적으로 해로운 이유는 무엇인가?
- 숙제나 시험에서 부정 행위를 하는 것이 나쁜가?

- 사람들은 왜 속이는가? 속이는 것이 또 다른 부정 행위로 이끄는가?
- 당신은 정직하지 못한 사람에게 동의하지 않는다고 말할 용기가 있는가? 그 예를 들어 말해 보라.
- 자신에게 정직한 것이 왜 중요한가?

정직 이해하기

"멋대로 고치고 빼먹고… 학교생활기록부"[19]

대학입학사정관제 전형에 반영된 학교생활기록부가 엉터리로 기재된 사실이 감사원 감사에서 무더기로 적발됐다. 기재가 금지된 토플, 텝스 성적이나 급조한 봉사 실적을 학생부에 올리는 등 최근 3년간 입학사정관제가 부실하게 운영돼 온 것으로 드러났다.

감사원은 이 같은 내용을 담은 창의교육 시책 추진 실태 감사 결과를 11일에 발표했다. 입학사정관제는 성적 일변도 평가 방식에서 벗어나 학생의 잠재력과 인성을 가늠해서 입학 기회를 준다는 취지로 2008년 본격 도입됐다.

일선 학교의 학생부 관리 실태는 심각했다. 학생부는 입학사정관제 전형에서 가장 중요한 평가 요소다. 2008년부터 지난해 9월까지 대전, 대구, 울산의 고교 205곳 중 45곳에서는 입시에 불이익을 줄 수 있다는 이유로 학생부를 217차례 임의 수정했다. 교사의 업무 소홀로 입력해야 할 내용을 입력하지 않은 경우는 27곳에서 217건, 아예 다른 학생의 내용을 잘못 쓴 경우도 42곳에서 101건이 확인됐다.

토플이나 텝스 등 공인어학성적은 학생부 기재 대상이 아니지만 서울 강남 3개구 고교 20곳에서 어학 성적을 52차례 기록했다. 사교육 과열을 우려하여 자격

---

19 《국민일보》, 2013.04.11., 정부경 기자

중으로 학생을 평가하지 않기 위해 기재를 금지한 지침을 어긴 것이다. 경남 창원교육지원청이 2011년 10월 수사 기관에서 허위 봉사 실적을 발급한 수사 결과를 통보받고도 해당 학교에 알려 주지 않아 지난해 11월까지 31명의 학생부에 허위 봉사 실적이 기재된 상태였다.

자기소개서 등 각종 서류의 표절 여부를 검사하기 위한 '유사도 검색 시스템'을 활용하지 않는 대학들도 있었다. 그나마 이를 활용하는 대학들도 표절 판정 기준이 되는 유사도 정도가 1-70퍼센트로 들쑥날쑥했다. 2012학년도 입시에서는 유사도가 50퍼센트 이상인 자기소개서가 236건, 유사도가 90퍼센트에 달하는 교사추천서도 163건이나 적발되는 등 표절 문제 역시 심각했다.

감사원은 교육부 장관에게 "학교생활기록부의 신뢰성과 객관성 등을 제고할 수 있는 관리·감독 강화 방안을 마련하라."고 통보했다. 지도·감독 업무를 제대로 하지 않은 관련자에 대해서는 6개 교육청별로 적절한 조치를 하도록 요구했다. 이번 감사에서는 서울 시내 6개 대학이 대입 전형 시행 계획을 발표하면서 학생부 성적을 20-45퍼센트 이상 반영하기로 명시해 놓고도 기본 점수를 높이고 내신 등급 간 차이를 줄이는 방식을 통해 학생부 성적 반영 비율을 1.2-13.7퍼센트로 낮춘 사례도 적발됐다.

"학력 위조 논란 야후 CEO 톰슨 하차"[20]

학력 위조 논란이 일었던 야후의 최고경영자CEO 스콧 톰슨이 4개월 만에 하차한다.

야후는 톰슨이 이르면 14일현지 시간 '개인 사유'로 회사를 떠날 것이라고 13일 밝혔다. 야후는 구체적인 사임 경위를 밝히지는 않았지만, 학력 위조 의혹뿐만 아니라 제기된 의혹에 대처하는 그의 태도 등이 결정적인 사유인 것으로 업계는

---

20 《국민일보》, 2012.05.14., 워싱턴=배병우 특파원.

보고 있다. 톰슨이 사직하면 글로벌 언론 담당 책임자인 로스 레빈손이 임시로 그의 자리를 대신할 것으로 보인다. 작년에 20퍼센트의 수익 감소를 겪은 야후는 캐롤 바츠 전 CEO를 해고한 뒤 지난 1월 톰슨을 CEO로 발탁했다.

하지만 야후 지분의 5.8퍼센트를 보유한 기관투자가 서드포인트의 CEO 댄 러브가 서한을 통해 "톰슨이 스톤힐대학교에서 컴퓨터공학과 회계학 학사 학위를 받았다고 하지만 실제로는 회계학 학위만 받았다."라고 의혹을 제기하면서 톰슨은 궁지에 몰렸다.

이 문제는 최근 미국 IT 업계 최대 이슈로 떠올랐으며, 톰슨도 주위의 비난 등을 이겨 내지 못하고 결국 4개월 만에 도중하차하게 됐다.

> "'정직과 진실이 통하지 않는다. 정직하면 손해를 본다'는 사회에서도 정직과 진실이 최고다." [21]
>
> 아웃백 스테이크하우스 정인태 사장,
> "나는 이렇게 성공했다.", "정직하게, 잔머리 피하고 먼저 베풀어라."
>
> 1. 정직하게 살아라: 정 사장은 아웃백스테이크하우스 미국 본사가 굴지의 대기업을 제치고 쪽방 사무실을 사용하던 자신을 택한 것은 '신뢰' 때문이었다고 회고한다. 신뢰는 사업가에게 가장 중요한 재산이다. '나중에 정직해야지' 하면 늦는다.
> 2. 잔머리를 쓰지 마라: 작은 이익을 탐하다가 큰 의리를 놓치는 경우가 많다. 이리저리 계산하지 말고 고객의 입장을 미리 헤아려서 만족시켜라.
> 3. 먼저 베풀어라: 기다리는 손님에게 웨이팅 푸드를 대접하고, 부탁하기

---

21 《Focus》, 2006년 10월 30일.

전에 남은 음식과 빵 등을 포장해서 선사하라. 식사를 미치고 돌아가는 고객의 마음은 가볍게, 양손은 무겁게 하라.

세계 최초 자원봉사단체로 1905년 시카고에서 창립된
Rotary Int'l 국제 로타리 클럽 윤리 강령1942

Service above Self 모토: '초아의 봉사' – 내 자신을 초월해 섬기자.
"Rotary 4-way Test" in respect to thinking, saying, doing.

생각, 말, 행동의 관한 로타리 클럽의 4가지 표준테스트

1. Is it the truth? 그것은 진실한가?
2. Is it fair to all concerned? 관계된 사람들에게 공평한가?
3. Will it build goodwill and better friendship? 친선과 더 좋은 우정을 만들 것인가?
4. Will it be beneficial to all concerned? 관계된 사람들에게 유익할 것인가?

황금률

"진실과 비폭력은 하나님 수레의 두 바퀴다."　간디
"정직한 사람의 성실은 그를 인도하지만 신실하지 못한 사람은 정직하지 못한 것 때문에 망하고 만다."
"정직한 사람은 안전하고 떳떳하지만 부정한 사람은 꼬리를 잡히고 만다."
"도시는 정직한 사람의 축복을 통해 발전하고 악한 자의 입 때문에 멸망한다."

위인 이야기

디트리히 본회퍼Dietrich Bonhoeffer; 1906-1945

독일의 브레슬라우에서 출생하여 여섯 살 때 가족과 함께 베를린으로 이주했다. 그는 스물한 살 때 베를린대학교에서 신학박사 학위를 받았고, 뉴욕 교회에서 담임목사로 1년을, 유니온신학교에서 1년을 강의한 후 베를린대학교로 돌아와 신학을 가르쳤다. 그의 글은 제2차 세계대전 이후 개신교 신학에 중요한 영향을 미쳤다. 그가 정직함을 대표하는 사람으로 인식된 이유는 거짓을 말하는 게 더 안전한 때에도 진실을 말했기 때문이다. 그는 나치의 악을 보고 공개적으로 히틀러를 성토한 첫 번째 독일 개신교 목사였다. 안타깝게도 나치 반대 운동에 기독교인들이 참여할 것을 촉구하여 나치의 사형수가 되었다.

마틴 루터Martin Luther; 1483-1546

독일의 아이스레벤에서 농부의 아들로 태어났다. 마틴에게 훌륭한 교육을 시키기 위해 그의 부모는 열심히 일했다. 교육을 받은 사람들에게 열린 두 가지 직업은 법조계와 교회였다. 마틴의 아버지 한스 루터는 그에게 법조계를 권했고, 마틴은 1505년까지 법조계의 길을 잘 가고 있었다. 그러나 종교적 위기를 경험하고 나서 그는 신부가 되기로 결심했다. 1512년 신학박사 학위를 받았으며, 전 생애를 통해 신학을 가르치게 되었다. 그는 천성이 정직하여 온갖 압력에도 굴하지 않고 교회의 부정직함을 비판했다. 1521년 그는 재판정에 섰고, 자신의 신념과 교회의 뜻 사이에서 하나를 선택해야 했다. 결국 사제 직분을 박탈당하고 개신교 개혁의 주역이 되었다. 그는 종교 개혁의 최고 인물이자 정직과 도덕적 용기를 상징하는 인물이다.

정직 실행하기

- 정직한 가족에게 감사를 표시하라.

- 당신의 부정직한 실수를 부모님께 밝히고 용서를 구하라.

- 잘못했을 때는 진실을 말하라.

- 숙제를 함으로써 최대한 많이 배워라.

- 남을 비난하거나 과장하거나 감정을 상하게 하지 않으면서 당신의 진심을 표현하라.

- 친구가 숙제를 베끼려고 하면 숙제는 스스로 하는 것이 최선이라고 정중히 설명하라.

- 정직한 친구나 가족을 칭찬하라.

- 분실된 물건을 주인에게 돌려주어 타인의 모범이 되어라.

- 자신이 저지른 실수를 인정하고 피해 본 사람에게 사과하라.

- 학교 숙제는 최선을 다해 스스로 하라.

- 친구들에게 진실하고 당신에게 진실한 친구들에게 감사하라.

- 진실을 말했을 때 상대방의 반응이 당신의 기대와 달라도 화내지 마라.

지역 봉사 아이디어

- 논란의 쟁점에 관해 정당한 입장을 취한 정치인 또는 사회지도자에게 감사 편지를 써라.

- 양로원을 방문하고 정직성에 관해 어르신들의 이야기를 들어보아라.

- 정직성의 의미를 가족과 나눠라. 정직성에 대한 그들의 의견을 들어보고 가족으로서 당신 자신의 정직에 대한 정의를 작성해 보라.

- 지역 주민들에게 정직을 상기시켜라. 공공 건물에 정직의 가치를 알리는 표어를 전시하라.

- 학급에서 정직에 대한 영예 규정을 만들어 모두가 볼 수 있도록 교실에 전시

하라.

- 어린이집과 유치원을 방문하여 어린이들에게 정직에 관한 이야기를 들려주 어라.

정직에 관한 글 읽기

[숙제] 아래의 글을 읽고 다음과 같은 단계별 질문에 따라 1페이지 이내로 요약 하라.

제목 _____

저자 _____

1. 저자가 이 글을 쓴 목적

_____

_____

_____

2. 줄거리

_____

_____

_____

3. 글을 읽기 전과 후에 생각이 달라진 점은 무엇인가?

_____

_____

_____

4. 글을 읽은 후 나의 결심

_____

_____

_____

■ 정직의 덕목을 세우는 간단한 이야기를 골라 소리 내어 읽거나
다른 사람에게 읽어 주어라.

정직한 나무꾼 The honest woodman[22]

이 이야기는 장 라 퐁텐[1621-1695]의 시를 개작한 것이다.

· · ·

먼 옛날, 물살이 거세게 이는 강 주변에 고요한 숲이 있었다. 그 숲에서 좀 떨어진 곳에는 열심히 일하는 가난한 나무꾼이 살았다. 그는 매일매일 커다란 도끼를 어깨에 메고 숲으로 걸어갔다. 그러면서 즐겁게 휘파람을 불곤 했는데, 건강과 도끼를 갖고 있는 한 가족들 먹일 빵을 살 만큼 돈을 벌 수 있다고 생각했기 때문이다.

어느 날, 강가 근처에서 아름드리 참나무를 자르고 있었다. 나무를 자를 때마다 나무 가루가 날렸고 도끼 찍는 소리는 명확하게 퍼져서 마치 열댓 명이 일하는 것처럼 들렸다. 시간이 지나자 나무꾼은 좀 쉬어야겠다고 생각했다. 그는 나무에 도끼를 기대놓고 앉기 위해 돌아섰다. 그러다가 오래되어 비비 꼬인 나무뿌리에 걸려 넘어졌고 손에서 빠져나간 도끼는 강둑으로 미끄러져 강물에 빠지고 말았다. 나무꾼은 유유히 흐르는 강물만 쳐다볼 뿐이었다.

"이제 어떻게 한담? 도끼를 잃어버렸으니 아이들을 어떻게 키우지…"

---

22 에밀리 폴슨(Emilie Poulsson), 출처: William J. Bennett, 최홍규 옮김, 《미덕의 책 1》(The Book of Virtue).

그 순간 강물 위로 아름다운 여인이 나타났다. 그녀는 강의 요정인데 나무꾼의 슬픈 목소리를 듣고 나타난 것이었다.

"당신은 왜 그렇게 슬퍼하나요?"

나무꾼이 도끼를 잃어버렸다고 얘기하자 그녀는 강물 속으로 가라앉았다가 은도끼를 가지고 다시 나타났다.

"이것이 당신이 잃어버린 그 도끼인가요?"

나무꾼은 은도끼를 가지고 아이들을 위해 살 수 있는 것들을 생각했다. 하지만 은도끼는 그의 것이 아니었다.

"내 도끼는 쇠로 만든 것입니다."

강의 요정은 은도끼를 강둑에 두고 다시 강물 속으로 들어갔다 나와서는 다른 도끼를 보여 주었다.

"그럼, 이게 당신 것이겠군요."

"아닙니다. 그건 금도끼잖아요! 내 도끼보다 몇 배나 비싸다고요."

요정은 금도끼를 강둑에 놓고 다시 강으로 들어갔다. 그녀가 떠올랐을 때 이번에는 나무꾼이 잃어버린 도끼를 들고 있었다.

"그것이 제 도끼업니다!"

나무꾼이 소리쳤다.

"이게 바로 당신 거군요."

요정이 웃으며 말했다.

"아! 그리고 여기에 있는 도끼 두 자루는 강에서 나온 선물이에요. 당신은 진실을 말했으니까요."

그날 저녁 나무꾼은 어깨에 도끼 세 자루를 메고 집으로 갔다. 도끼 세 자루로 가족들에게 줄 수 있는 좋은 선물을 생각하니 휘파람이 절로 나왔다.

조지 워싱턴과 체리나무 George Washington and the cherry tree [23]

체리나무 자르기는 미국에서 가장 유명한 진실에 관한 이야기다. 메이슨 록 웜즈의 《자신에게는 명예스럽고 젊은이에게는 교훈적인 흥미 있는 일화》와 《조지 워싱턴의 인생》 제5판에 나와 있다.

· · ·

조지 워싱턴의 아버지는 어려서부터 진실을 가르치는 데 공을 들였다. 현명한 오디세우스가 텔레마코스에게 사랑과 관심을 쏟은 것보다 훨씬 더 정성을 기울였다.

"조지! 진실은 청소년기의 가장 소중한 특성이란다. 마음이 정직하고 입이 순수해서 어떤 말이라도 믿을 수 있는 소년을 만날 수 있다면 나는 15마일이라도 달려갈 것이다. 모든 이에게 그런 아이가 나타난다면 얼마나 좋을까. 부모는 그를 매우 사랑할 것이다. 친척들 역시 자랑스러워하며 자신의 아이들에게도 본받으라고 할 것이다. 또한 소년을 집에 초대할 것이고, 작은 천사를 대하듯 매우 기뻐하며 맞이할 것이다. 반면 거짓말을 일삼아서 아무도 소년의 말을 믿지 않는다면 상황이 얼마나 달라지겠니! 가는 곳마다 미움을 받고 친척들 역시 그가 찾아오는 걸 싫어할 것이다.

오, 조지! 내 아들아! 나는 네가 소중하기 때문에 네가 그 지경에 이른 걸 보느니 차라리 너를 작은 관에 가두고 함께 무덤으로 가는 편이 낫겠구나. 물론 작은 발은 항상 나와 함께 뛸 준비가 되어 있고, 장난기 가득한 눈매와 재잘거리는 소리가 내 행복의 큰 자리를 차지하는 아들을 포기하는 것은 매우 힘든 일이다. 하지만 내 아들이 거짓말쟁이가 되는 걸 보느니 차라리 아들을 포기하겠다."

"아빠, 제가 거짓말을 하게 될까요?"

조지가 진지하게 물었다.

---

23 베르그 에센바인과 마리에타 스탁카드(J. Berg Esenwein and Marietta Stockard), 출처: William J. Bennett, 최홍규 옮김, 《미덕의 책 2》(*The Book of Virtue*).

"아니다, 조지. 나는 네가 거짓말을 하지 않아서 신에게 감사드린단다. 네가 결코 거짓말하지 않으리라는 것을 믿는다. 적어도 너는 나 때문에 거짓말을 하고 죄의식을 느끼는 일은 절대 없을 것이다. 많은 부모가 작은 실수만 해도 아이들을 때림으로써 거짓말하는 습관을 만든단다. 아이들은 맞는 게 두려워서 조금씩 거짓말을 하게 되는 거지. 하지만 조지, 내가 항상 얘기하듯이, 혹시나 나쁜 짓을 하더라도 그 사실을 숨기기 위해 거짓말을 해서는 안 된다. 아들아, 용감하게 얘기해라. 나는 너를 때리지 않고 너의 솔직함에 대해 더 많은 사랑과 경의를 보여줄 것이다."

조지는 여섯 살이 되자 자귀를 능숙히 다루었는데 장난기가 있어 손에 잡히는 건 무엇이든 베어 내곤 했다. 그러던 어느 날, 정원에서 놀다가 아름다운 영국산 체리나무를 자귀로 건드리고 말았다. 그 바람에 체리나무가 잘려서 다시 살아나기는 힘들어 보였다. 다음 날 아침, 체리나무를 매우 아끼는 아버지가 나무에 무슨 일이 생겼는지 보고는 조용하고 따뜻한 목소리로 누가 그랬는지 물었다. 아무도 대답하지 못하고 있을 때 조지가 자귀를 들고 나타나자 아버지가 물었다.

"조지, 정원에 있는 체리나무를 누가 죽였는지 아니?"

조지는 잠시 망설이다가 곧 자기 자신을 되찾았다. 모든 것을 정복할 만큼 진실한 소년의 얼굴로 아버지를 바라보면서 용감하게 고백했다.

"저는 거짓말을 할 수 없어요. 아빠도 아시잖아요, 제가 그럴 수 없다는 것을. 제가 자귀로 나무를 잘랐어요."

"오! 이리 오너라, 내 아들아." 아버지가 매우 기뻐하며 외쳤다.

"조지, 나는 네가 나무를 죽였어도 기쁘단다. 너는 나에게 더욱 소중한 것을 선물했으니까 말이다. 너의 진실한 행동은 나무 천 그루보다 더 소중하단다. 비록 그 나무가 은 꽃을 피우고, 순금 열매를 맺는다고 하더라도 말이다."

조지 워싱턴의 아버지는 아들에게 깊은 관심을 보임으로써 매우 쉽고 즐겁게 행복한 덕성의 행로를 가르친 것이다.

정직한 에이브 Honest Abe[24]

미국인이 가장 좋아하는 대통령 워싱턴과 링컨이 정직했던 것은 우연이 아니다. 다음은 1883년에 출판된 호라티오 앨저의 《소박한 소년 에이브러햄 링컨》에 나오는 이야기다. 이는 사생활에서 정직해야 공직에 임해도 정직하다는 사실을 보여 준다. 그보다 더 중요한 점은 정직한 습관이야말로 어릴 때 시작된다는 것이다.

• • •

링컨의 어린 시절에 관한 이야기는 매우 흥미롭다. 훗날 얻은 명성의 기반을 닦은 것이 어린 시절이었기 때문이다. 그는 어려서부터 품성을 키워 미래의 모습을 형성해 갔다. 라몬의 《인생》에서 링컨의 열일곱 살 때 습관과 기호를 확인할 수 있다.

에이브러햄은 나무 그늘에 누워 있거나 오두막에 올라가서 책 읽기를 즐겼다. 계산하거나 낙서하는 것도 좋아했다. 밤이면 굴뚝 기둥 옆에 앉아서 모닥불 빛에 의지하며 나무 부삽에 계산식을 쓰곤 했다. 나무 부삽에 숫자가 꽉 차면 톰의 칼로 깎아낸 뒤 다시 계산하곤 했다. 낮에는 판자에다 계산식을 쓰고 지우고 쓰는 일을 반복했다. 계모는 그가 손에 잡을 수 있는 책은 전부 읽어 치웠다고 말했다.

"에이브러햄은 참 부지런하게 책을 읽었어요. 손에 잡히는 책은 전부 읽었죠. 종이가 없을 때 감명 깊은 문장이 나오면 나무판자에 적어서 종이를 구할 때까지 지니고 있었지요. 그 문장을 쓰고 읽는 것을 언제나 반복했어요. 스크랩북 같은 노트에다 모든 것을 써서 보관했답니다."

링컨이 네 살 때부터 열여덟 살 때까지 함께 살았던 존 행크스의 회상을 들어 보자.

"그는 일터에서 돌아오는 즉시 찬장으로 달려가 옥수수빵을 꺼내 먹으면서 책

---

24 호라티오 앨저(Horatio Alger), 출처: William J. Bennett, 최홍규 옮김, 《미덕의 책 2》(*The Book of Virtue*).

을 펼쳤습니다. 그러나 에이브러햄이 손에 넣을 수 있는 책은 몇 권 안 됐죠. 공립이든 시립이든 도서관도 없었으니까요."

그가 청소년기에 읽은 책은 《이솝우화》, 《로빈슨 크루소》, 《순례자의 행보》, 《미국의 역사》와 《워싱턴의 생애》 등 읽을 만한 가치가 있는 것들이었다. 《워싱턴의 생애》는 에이브러햄이 이웃인 조시아 크로포드 노인에게 빌린 책이었다. 에이브러햄은 책을 오두막 선반에 두었는데, 어느 날 밤 갑자기 폭풍우가 몰아치자 빗물이 들어왔고 책이 흠뻑 젖어버렸다. 그는 빗물에 젖어 못 읽게 된 책을 들고 크로포드 노인의 집으로 향했다.

"에이브러햄, 이렇게 일찍 무슨 일로 왔니?"

크로포드 씨가 물었다.

"나쁜 소식을 알려 드리려고 왔어요. 제게 빌려 주신 《워싱턴의 생애》가 어젯밤에 내린 비 때문에 못 쓰게 됐어요."

에이브러햄은 책이 손상된 사정을 설명했다.

"저런! 에이브러햄, 너는 내 책을 보상해야겠구나."

"크로포드 씨, 돈이 있다면 보상해 드리겠지만…."

"돈이 없으면 일해서 갚도록 해라."

"네, 정말 죄송합니다. 무엇이든지 하겠습니다."

에이브러햄은 3일 동안 크로포드 노인의 집에서 일했다. 책을 보상하는 노동의 대가는 하루에 25센트였다. 책이 75센트였기 때문에 에이브러햄은 3일간 일하는 것이 합당하다고 생각했다.

● 11월 품성 주제: **겸손**

Humility

:: **교육 일정**

1일 제안 시간 50분 − 강의: 20분, 학생 토론과 나눔: 20분, 마무리: 10분

[1주]

1일: 주제 품성과 덕목의 뜻을 설명한 후 그룹별로 토론한다.

2일: 품성의 정의와 나의 결심을 설명하고 암송영어 포함한다. 내일의 숙제를 상기시킨다.

3일: 품성의 정의와 나의 결심을 암송했는지 확인한다. 매일 시작할 때 암송한다.

　　[숙제] 각자 집에서 품성 이야기를 소리 내어 읽고 내용을 세 줄로 요약한 다음, 이야기에 나타난 덕목을 파악하여 나의 소감을 세 줄로 정리한다. 그것을 바탕으로 두 사람씩 짝을 지어 깨달은 점을 나눈다.

4일: 주제 품성에 관련된 정의와 나의 결심, 격언 또는 명언을 포함한 포스터를 만들어 교실이나 복도에 게시한다.

5일: 주제 품성을 실천하는 모범을 보여 신문, 방송, 잡지에 소개된 사람과 위인, 영웅 이야기를 사진과 함께 스크랩하여 학급에서 발표한다.

[2주]

1일: 주제 품성에 따른 봉사 활동을 생각해 내고 정리한 후에 실행 방법을 작성한다.

2일: 주제 품성을 가정에서 부모님께 실천할 수 있는 사례를 생각해 내고 작성하여 학급에서 나눈다.

3일: 학급에서 나눈 주제 품성을 정리한 후 부모님께 실천하겠다는 편지를 써서 부모님께 드린다.

4일: 주제 품성을 학교에서 선생님 또는 교직원들에게 실천할 수 있는 방법을 생각해 내고 포스터로 만들어 교실이나 복도에 게시한다.

5일: 주제 품성을 같은 학급 친구들이 실천할 수 있는 방법을 생각해 내고 포스터로 만들어 교실에 게시한다.

[3주]

1일: 주제 품성을 선생님 또는 교직원이 학생들에게 실천할 수 있는 방법을 생각해 내고 포스터를 만들어 복도에 게시한다.

2일: 주제 품성을 부모님이 아이들에게 실천할 수 있는 방법을 생각해 내고 포스터를 만들어 가정의 적당한 곳에 게시한다.

3일: 아이들이 가정에서 부모님께 주제 품성을 잘 실천한 사례를 적고 학급에서 나눈다.

4일: 학생들이 학교에서 선생님께 주제 품성을 잘 실천한 사례를 적고 학급에서 나눈다.

5일: 학생들이 학급에서 친구들에게 주제 품성을 잘 실천한 사례를 적고 학급에서 나눈다.

[4주]

1일: 주제 품성의 정의와 나의 결심 암기 대회를 학급에서 실시하고 품성 칭찬을 한다.

2일: 주제 품성의 봉사 활동을 성공리에 실시한 사례를 나누고 축하한다.

3일: 주제 품성을 실행한 선생님 또는 교직원에게 "좋은 OO 품성의 모범" 상장을 수여한다.

"더 높은 위치에 있을수록
더 겸손하게 걸어야 한다."

키케로

[목적] 겸손은 정의하기 어려운 덕목이지만 태도나 행동을 보면 잘 알
수 있다. 언론이 오만한 운동선수와 록 스타를 높이 치켜세우면 겸손의
가치를 부여하기 어려워진다. 우리는 학생들이 겸손과 온유한 태도로
재능이라는 선물을 인식하고 계발하도록 격려할 수 있다. 작은 겸손은
우리 사회에 만연한 '내 인생은 내 맘이다'는 식의 교만한 태도를 방지
할 수 있다.

우리는 지금 누리는 풍요를 당연한 것으로 여기곤 한다. 분주한 일상
에 붙잡힌 나머지 삶에서 맞닥뜨리는 사건들이 성장을 위한 기회와 도
전이 되는 것에 대해 온유함으로 감사하지 못한다. 풍요를 인식하는 것
은 온유와 겸손으로 감사하는 마음을 표현하는 태도다.

겸손의 영어 단어인 humility는 라틴어의 *humilitas*인데 원래 *humus*땅라는 말에서 나왔다. 어원으로 보면 겸손은 자신을 땅과 같이 낮은 위치에 두는 품성이라는 의미를 갖는다. 무슬림은 알라신에게 절대적인 겸손을 보이는 상징으로 땅에 엎드려 기도한다. 교황이 어느 나라를 방문하든 도착하자마자 땅바닥에 입을 맞추는 것도 겸손의 태도를 상징적으로 보이는 것이다. 겸손은 인간을 테레사 수녀 같은 성자로 만들 수 있다. 펭귄처럼 남극의 추위를 견디려면 결단력과 온유와 겸손의 인내가 필요하며 교만을 버려야 한다.

겸손의 정의와 나의 결심

겸손: 교만

잘난 체하지 않으며 남을 높이고 자신을 낮추는 품위를 지니는 것

Humility vs. Pride: Having no arrogance, being humble and modest of yourself, honoring others

나의 결심

- 칭찬을 받으면 상대방이나 권위자에게 그 공로를 돌리겠다.
- 내 자랑을 하지 않고 남의 실패를 기뻐하지 않겠다.
- 내 잘못을 솔직히 인정하고 용서를 구하며 책임지겠다.
- 타인의 수고를 질투하여 나의 공로로 내세우지 않겠다.
- 나의 성공은 부모님, 선생님 등 다른 사람의 공로임을 인정하겠다.

겸손은 자만하거나 가식이 없는 품성이다. 품위가 있음은 겸손을 설명할 때 동의어로 사용되기도 한다.

보조 덕목

- 감사gratitude: 위로받거나 불쾌한 문제가 해결되는 것은 확실히 감사할 만한 일이다. 하지만 그것만이 감사할 이유는 아니다. 복잡한 문제나 비극, 곤경에 처한 경우에도 감사하는 것은 고마운 마음을 더 높은 수준으로 끌어올린다.

- 고마움appreciation: 다른 사람을 존경하고, 인정하며, 감사하는 감정을 말과 행동으로 표현하는 것이야말로 최선의 고마움이다.

- 온유meekness: '성질이 온순하고 마음씨가 따뜻하며 부드러운 태도를 보이는 것'이다. 따뜻하고 부드러운 마음으로 나의 권리와 기대를 양보하는 품성을 말한다. 모세는 가장 온순한 사람이었지만 화를 냄으로써 가나안 땅에 들어가지 못했다. 따라서 온유의 반대는 거침이 아니라 화냄anger이다. 예수님은 "나는 온유하고 겸손하다."라고 하셨다. 좋은 품성을 지녀도 온유와 겸손의 품성을 기둥으로 세우지 않으면 소용없다.

겸손에 관한 토론과 질문

- 겸손을 보여 준 예를 생각할 수 있는가?
- 겸손의 반대는 무엇인가? 그 반대는 왜 덕목이 아닌가?
- 가장 감사하는 인생의 사건은 무엇인가?
- 감사하는 마음을 얼마나 자주 어떻게 표현하는가?
- 감사하는 인생의 아주 작은 일은 무엇인가? 감사의 마음을 어떻게 표현하는가?
- 우리가 다른 사람과 나누는 것이 왜 중요한가?
- 겸손한 사람은 다른 사람을 어떻게 대하는가?
- 많은 사람이 겸손을 실행한다면 세상은 어떻게 더 나아질 수 있는가?
- 당신이 행복해지는 삶의 형태는 무엇인가?

- 당신을 배려하고 도우며 친절을 다하는 사람에게 항상 감사를 표시하는가?
- 감사를 항상 말로 표시하는가? 감사 표시의 다른 방법은 어떤 것인가?
- 인생의 위기에서 배울 수 있는 감사의 교훈은 무엇인가?
- 관심을 받으려는 사람들은 자신에 대해 뭐라고 하는가?
- 자랑과 겸손을 동시에 보여 줄 수 있는가?
- 당신이 감사하는 일을 나열해 보라. 육체적 편안함에 관한 것은 얼마나 있는가? 관계에 관한 것은 얼마나 되는가? 영적인 것은? 균형을 이루는 경우는?
- 축복에 대해 어떻게 감사를 표시하는가?
- 다른 사람들과 얼마나 나누는가?
- 도전과 난관을 어떻게 긍정의 기회로 바꿀 수 있는가?

■ 겸손의 덕목을 세우는 간단한 이야기를 골라 소리 내어 읽거나 다른 사람에게 읽어 주어라.

초대받지 않은 사람[25]

중요한 문제가 생긴 랍비는 지혜로운 사람들을 초대하여 도움을 받기로 했습니다. 이튿날 아침 일찍부터 손님 맞을 준비를 했지만, 오늘 찾아올 여섯 사람이 누구인지는 몰랐습니다. 시간이 되자 손님이 하나 둘 모여들기 시작했고, 랍비는 공손히 맞이했습니다. 그런데 모여든 손님이 여섯이 아니라 일곱 명이었습니다. 랍비는 조심스럽게 입을 열었습니다.

"대단히 죄송한 일이 생겼습니다. 오늘 모실 손님은 여섯 분이었는데, 지금 모인 분은 일곱입니다. 한 분은 그냥 오신 게 분명합니다…."

랍비의 말이 끝나자마자 한 사람이 자리에서 일어났습니다. 모든 사람의 눈길

---

25 출처: 마빈 토케이어, 《탈무드 지혜》, 엮은이 이명훈.

이 그를 향했습니다.

"아니, 저분은 초대받았을 텐데….."

그는 오늘 회의에 참석하기로 되어 있는 분이 분명한 지혜로운 사람이었습니다. 그런데 그분이 일어나 밖으로 나가려는 것이 아닙니까? 랍비는 깜짝 놀라서 잡으려 했지만 그분은 이미 밖으로 나간 터였습니다. 남은 사람들은 무슨 까닭으로 그가 나가 버린 것인지 궁금해했습니다.

그리고 잠시 후 그가 나가 버린 까닭을 알았습니다. 만약 실제로 초대받지 않았는데 그 자리에서 초대받지 않은 사람으로 밝혀진다면 기분이 어떻겠습니까? 그 사람은 몹시 창피할 것이 아닙니까? 초청받지 않은 일곱 번째 사람을 대신하여 그 지혜로운 분이 겸손하게 나가 버린 것입니다.

별로 잘난 것도 없는데 잘난 체하는 사람, 진짜 박사가 아닌데도 진짜인 것처럼 꾸며대는 사람이 너무 많은 세상입니다. 남이야 무시를 당하든, 업신여김을 받든, 어려움을 겪든 모르는 체하는 세상인데 창피를 당할 사람을 위해 부끄러움을 무릅쓰고 겸손한 마음으로 행동한다는 것은 어려운 일입니다. 하지만 겸손한 사람은 용기 있는 아름다운 행동으로 남을 배려합니다.

황금률

"인생은 겸손의 긴 교훈이다."

배리, Barrie

"교만한 자는 수치를 당하고 겸손한 자는 지혜를 얻는다."

"교만하면 패망하고 거만하면 넘어진다."

"나는 하루에도 백 번 이상 내면의 삶과 외형의 삶이 다른 사람들의 수고 덕분임을 기억하고자 한다."

아인슈타인, Albert Einstein

위인 이야기

지미 카터Jimmy Carter; 1924-

미국의 조지아 주 플레인스에서 태어난 카터는 1977-1981년 39대 대통령을 역임했다. 농부와 간호사의 아들로 태어난 그는 직업을 땅콩농부라고 적었으며, 대통령 취임식에서 정식 이름인 제임스 대신 닉네임인 지미를 사용한 첫 번째 대통령이자, 나중에 미국 의사당에서 백악관까지 걸어 들어간 대통령이었다. 재임 중에는 인권 정책을 표방하여 전 세계 각국과 좋은 관계를 맺어 나갔다. 대통령 퇴임 후에는 고향의 침례교회에서 주일학교 교사로 섬겼고 해비타트 운동에 앞장섰으며 세계 평화의 전도사로 활약했다.

2002년에는 한국의 해비타트인 "사랑의집짓기"에 자원하여 부인 로잘린 여사와 함께 충남 아산에 오신 카터 대통령을 저자가 섬기면서 직접 보고 느낀 바가 컸다. 그는 자원봉사자들에게 인사말을 건네면서 "나하고 사진 찍자고 하지 마십시오."라고 부탁했다. 거창한 연설 대신에 왜 그런 말을 하였을까? 그곳을 찾은 3,000-4,000명의 자원봉사자 외에 한국의 국회의원과 장관들까지 사진을 찍자고 한다면 집을 지을 수 없기 때문이었다. 그는 자신이 온 목적을 분명히 알았던 것이다. 당시 일흔일곱의 노구인데도 본인이 직접 전기톱으로 판자를 자르고 사다리를 오르는 겸손한 모습은 그야말로 섬기는 종이었다.

카터 전 대통령은 많은 기자들이 기자 회견을 요청해도 자기에게 주어진 집 짓는 책임을 완수하는 데 지장이 될까 봐 기자 회견을 하지 않다가 한 번 정도 점심시간 한 시간 중 20분 만에 샌드위치를 먹고 나머지 40분을 기자 회견에 할애했다. 또한 다른 지역에서 집 짓는 자원봉사자들을 격려하기 위해 오전에 헬기를 타고 둘러본 뒤 오후 3시경에 돌아왔는데, 본부 요원들이 피곤한 노 대통령이 숙소로 가도록 준비해 놓았는데도 현장으로 와서 마지막 5시까지 망치를 들고 작업하며 책임감을 보여 주었다.

2001년 지미카터 사랑의 집짓기

우리는 아버지로서 어머니로서 자녀로서 목회자, 교사, 정치가로서 그 책임을 다하고 있는가? 미국 학교에서 처음 가르치는 존중과 책임을 다하려면 우선 겸손의 품성을 갖춰야 한다.

카터 대통령은 재임 때에는 인기가 없었다. 대통령을 그만둔 후에도 계속해서 북한을 방문하는 등 세계 평화와 인류 화합을 위해 섬김으로써 더 존경받는 인물이 되었다. 그래서 그는 하나님께서 자신을 대통령으로 세운 이유는 대통령 신분을 발판으로 더 큰 일을 세상에 펼치도록 계획하신 목적이 있음을 깨달았다고 말했다. 이런 모습을 본 한 국내 신문은 "왜 우리나라에는 이런 지도자가 없는가?"라고 한탄했다.

마하트마 간디|Mahatma Gandhi; 1869-1948

'마하트마'는 위대한 영혼이라는 뜻이다. 간디는 인도 포르반다르의 부유한 상인 집안에서 태어났으며, 원래 이름은 모한다스였다. 아버지 카람찬드 간디는 영국의 지배를 받던 서벵골 구자라트 주의 작은 공국公國 포르반다르의 총리였다. 그는 의학을 전공하고 싶었으나 아버지의 권유로 열여덟 살 때 영국에서 법학을 공부했다. 그리고 스물두 살 때 인도로 돌아와 변호사 사무실을 열었다.

그는 어린 시절부터 어머니와 집안의 영향으로 종교의 가르침을 잘 따랐고,

남아프리카공화국에서 큰 자극을 받았다. 프리토리아에서 퀘이커교도들이 그를 그리스도교로 개종하려는 노력은 실패했지만, 이를 계기로 간디는 종교 연구에 심취하여 톨스토이의 그리스도교적 저술에 깊이 빠졌으며, 코란의 번역본을 비롯하여 힌두 경전과 철학서를 읽었다. 그는 어떤 특정 종교인이 되지는 않았으나 각 종교가 가르치는 원리를 신념으로 인류평화를 위해 실천하는 사람이었다.

그가 특히 비폭력에 신념을 가진 것은 헨리 데이비드 소로Henry Daivid Thoreau 의 글 "시민 불복종"을 읽고, 레오 톨스토이와 서신을 주고받으면서 시작되었다. 그는 채식을 하고 청빈의 삶을 서약했으며 민족운동가들을 위해 '톨스토이 농장' 이라는 협동 농장을 조직했다. 그리고 인도의 독립과 아울러 모든 인도인의 평등 과 정의, 힌두 족과 모슬렘 족 간의 화합을 위해 일생을 바쳤다. 그는 기도회에 참석하던 중 힌두교 극단주의자에게 암살당했다.

겸손 실행하기

- 왼손이 하는 일을 오른손이 모르게 선행하라.
- 항상 예의를 다하라.
- 당신이 감사할 모든 사항을 열거하라.
- 당신이 열거한 감사 사항에 공헌한 사람에게 감사할 방법을 찾아라.
- 매일 다른 사람과 무엇이든지 나누어라.
- 보상을 기대하지 않고 다른 사람을 도와라.
- 예기치 않게 이타적인 행동을 한 사람에게 감사하라.
- 당신의 행복에 공헌한 모든 사항을 열거하라.
- 당신이 열거한 행복에 공헌한 모든 사람에게 감사를 표시하라.
- 다른 사람의 행복에 공헌하라.
- 당신의 행복에 공헌한 사람에게 감사를 표시할 방법을 찾아라.
- 지역을 위해 봉사하라.

지역 봉사 아이디어

• 불우한 사람들을 위해 음식 모으기를 자원하라.

• 지역의 불우한 사람들을 위한 추수 감사 행사를 준비하라.

• 양로원을 찾아가 봉사하라.

겸손에 관한 글 읽기

[숙제] 아래의 글을 읽고 다음과 같은 단계별 질문에 따라 1페이지 이내로 요약하라.

제목 _____

저자 _____

1. 저자가 이 글을 쓴 목적

_____

_____

_____

2. 줄거리

_____

_____

_____

3. 글을 읽기 전과 후에 생각이 달라진 점은 무엇인가?

_____

_____

4. 글을 읽은 후 나의 결심

_____

_____

_____

■ 겸손의 덕목을 세우는 간단한 이야기를 소리 내어 읽거나 다른
   사람에게 읽어 주어라.

바닷가의 카뉴트 왕King Canute on the seashore[26]

카뉴트 2세는 오만한 마음을 절제할 줄 아는 사람이다. 높은 자리를 열망하는
사람들이 겸손을 배우는 좋은 교훈이 될 것이다.

· · ·

먼 옛날, 영국을 지배한 카뉴트 왕은 아첨하는 신하들에게 둘러싸여 있었다.
그가 신하들 앞에 나서면 신하들의 아첨이 시작되었다.

"모든 왕 중에서 당신이 가장 위대하십니다."

"오, 위대한 왕이시여, 당신만큼 강한 왕은 없사옵니다."

"당신의 고귀함으로 못 하실 게 없습니다."

"대왕 카뉴트여, 모든 것의 제왕이십니다. 이 세상 어떤 것도 당신에게 불복종
하지 않습니다."

왕은 사려 깊고 겸손한 사람이었으므로 신하들의 어리석은 아첨이 싫증 났다.
어느 날 왕은 바닷가를 거닐다가 역시나 옆에서 아부하는 신하들에게 교훈을 주

---

26 제임스 볼드윈(James Baldwin), 출처: William J. Bennett, 최홍규 옮김, 『미덕의 책 3』(The
    Book of Virtu).

기로 결심했다.

"그대들이 말한 것처럼 내가 정말 세상에서 가장 위대한 왕인가?"

"왕이시여, 당신만큼 강한 분은 없습니다. 또한 당신처럼 위대한 분도 다시는 없을 것입니다."

"그러면 모든 것이 나에게 복종한다는 말인가?"

"물론입니다."

신하들이 입을 모아 말했다.

"세상은 폐하 앞에서 머리를 숙이며 경의를 표합니다."

"잘 알겠소."

왕이 대답했다.

"그러면 나에게 의자를 주시오. 나와 함께 바닷물 가까이 갑시다."

그들은 왕좌를 바닷물 가까이 옮겨 놓았다. 왕은 앉아서 눈앞에 있는 바다를 바라보았다.

"파도가 밀려오는구나. 그대들은 내가 명령하면 저 파도가 멈출 거라고 생각하는가?"

신하들은 당황했지만 아니라고 대답할 수가 없었다.

"왕이시여, 명령만 내리십시오. 복종할 것입니다."

"좋다! 바다야!"

카뉴트 왕이 외쳤다.

"파도여! 더 이상 다가오지 말 것을 명령하노라. 파도여! 멈추어라! 물결이여! 솟아오르지 마라! 내 발 가까이에 오지 마라!"

왕은 잠시 기다렸으나 거대한 파도가 그의 발을 덮쳤다.

"아니, 파도가 무례하구나."

왕은 다시 소리쳤다.

"파도여! 물러서라! 난 너에게 물러서라 명령했고, 그 명령에 복종해야 한다.

당장 물러서라!"

그러나 파도는 명령에 복종하는 대신 더 크게 밀려와서는 발 주변을 휘감았다. 파도는 점점 높아져서 발뿐만 아니라 옷까지 적셨다. 신하들은 당황해서 어찌할 줄을 몰랐다.

"자, 여보게들."

마침내 카뉴트 왕이 말했다.

"난 자네들이 믿는 만큼 큰 힘을 갖지 않은 것 같네. 아마 오늘 뭔가 배운 게 있을 걸세. 이제 자네들은 모든 권력을 가진 유일한 왕이 있고, 바다를 다스리는 자는 바로 그분이라는 사실을 기억할 것이네. 그분에 대한 칭찬은 아껴 두길 제안하네."

신하들은 고개를 떨구었다.

● *12월 품성 주제:* **인내**

Patience

:: 교육 일정

1일 제안 시간 50분 - 강의: 20분, 학생 토론과 나눔: 20분, 마무리: 10분

[1주]

1일: 주제 품성과 덕목의 뜻을 설명한 후 그룹별로 토론한다.

2일: 품성의 정의와 나의 결심을 설명하고 암송(영어 포함)한다. 내일의 숙제를 상기시킨다.

3일: 품성의 정의와 나의 결심을 암송했는지 확인한다. 매일 시작할 때 암송한다.

[숙제] 각자 집에서 품성 이야기를 소리 내어 읽고 내용을 세 줄로 요약한 다음 이야기에 나타난 덕목을 파악하여 나의 소감을 세 줄로 정리한다. 그것을 바탕으로 두 사람씩 짝을 지어 깨달은 점을 나눈다.

4일: 주제 품성에 관련된 정의와 나의 결심, 격언 또는 명언을 포함한 포스터를 만들어 교실이나 복도에 게시한다.

5일: 주제 품성을 실천하는 모범을 보여 신문, 방송, 잡지에 소개된 사람과 위인, 영웅 이야기를 사진과 함께 스크랩하여 학급에서 발표한다.

[2주]

1일: 주제 품성에 따른 봉사 활동을 생각해 내고 정리한 후에 실행 방법을 작성한다.

2일: 주제 품성을 가정에서 부모님께 실천할 수 있는 사례를 생각해내고 작성하여 학급에서 나눈다.

3일: 학급에서 나눈 주제 품성을 정리한 후 부모님께 실천하겠다는 편지를 써서 부모님께 드린다.

4일: 주제 품성을 학교에서 선생님 또는 교직원들에게 실천할 수 있는 방법을 생각해 내고 포스터로 만들어 교실이나 복도에 게시한다.

5일: 주제 품성을 같은 학급 친구들이 실천할 수 있는 방법을 생각해 내고 포스터로 만들어 교실에 게시한다.

[3주]

1일: 주제 품성을 선생님 또는 교직원이 학생들에게 실천할 수 있는 방법을 생각해 내고 포스터를 만들어 복도에 게시한다.

2일: 주제 품성을 부모님이 아이들에게 실천할 수 있는 방법을 생각해 내고 포스터를 만들어 가정의 적당한 곳에 게시한다.

3일: 아이들이 가정에서 부모님께 주제 품성을 잘 실천한 사례를 적고 학급에서 나눈다.

4일: 학생들이 학교에서 선생님께 주제 품성을 잘 실천한 사례를 적고 학급에서 나눈다.

5일: 학생들이 학급에서 친구들에게 주제 품성을 잘 실천한 사례를 적고 학급에서 나눈다.

[4주]

1일: 주제 품성의 정의와 나의 결심 암기 대회를 학급에서 실시하고 품성 칭찬을 한다.

2일: 주제 품성의 봉사 활동을 성공리에 실시한 사례를 나누고 축하한다.

3일: 주제 품성을 실행한 선생님 또는 교직원에게 '좋은 OO 품성의 모범' 상장을 수여한다.

4일: 주제 품성의 모범을 잘 보인 학급 친구들에게 '좋은 OO 품성의 모범' 상장을 수여한다.

5일: 주제 품성 실천을 통해 얻은 다양한 결과를 이야기로 정리하여 교사, 부모, 학생들에게 배부한다.

"영원한 끈기는 가장 우수한 대가다."

제임스 테리 화이트 James Terry White

[목적] 당장의 만족이 보편화되다 보니 학생들 역시 당장의 결과를 기대한다. 특히 '빨리빨리 문화'가 만연한 이 시대에 사람들은 목표 지향, 스케줄 지향, 성공 지향의 생활에서 참고 견디는 것은 실천하기 어려운 덕목이라 생각하여 성급한 것을 당연시한다. 그러나 인생을 살아갈수록 세상에서 사람이 성취할 수 있는 가장 위대한 것은 참을성, 끈기, 확신임을 깨닫는다.

우리 자신과 다른 사람에 대해 참으면 어떤 상황에서도 끈기를 발휘한다. 능력에 대한 확신을 가지고 목적을 달성하는 것은 참을성과 끈기의 문제다. 교육자는 학생들을 가르치고 소통할 때, 참을성은 목표를 성취하고 인간 관계와 품성을 계발하는 데 꼭 필요하다는 점을 실천을 통해 보여 줘야 한다.

참을성은 '반대, 곤경, 역경에도 불구하고 확고부동한 견실함'이다. 참을성은 '우리의 길에 장애가 있을지라도 아이디어, 성장, 성취를 위해 차분히 기다리는 능력'이다. 하와이어로는 *ahonui*, '크게 숨 쉬다'인데 참고 견디려면 크게 숨을 들이마실 필요가 있다. 같은 의미를 지닌 또 다른 하와이어는 *ho'omanawanui*다. '시간을 낸다'는 뜻으로 참을성을 시간 개념으로 보는 흥미로운 시각이다.

인내의 정의와 나의 결심

인내: 성급함

어려움을 극복하기 위해 불평 없이 차분히 잘 견디는 것

Patience vs. Impatience: Being able to overcome difficulties calmly and without complaints

나의 결심

- 당장의 만족과 결과를 기대하지 않겠다.
- 반대나 장애가 있어도 성취할 때까지 포기하지 않겠다.
- 성취는 인내와 끈기의 열매임을 믿고 최선을 다하겠다.
- 역경을 당하면 더 좋은 것을 기대하고 기뻐하겠다.
- 내 마음에 들지 않아도 불평하는 대신 겸손히 기다리겠다.

북아메리카의 모나크나비는 겨울이 오기 전에 머나먼 남쪽 나라를 향해 3,000 킬로미터 이상 날아간다. 겨울을 무사히 나고 봄이 되면 고향으로 돌아오면서 잠시 멈추어 알을 낳고 죽기도 한다. 알에서 부화한 나비가 북아메리카로 돌아오려면 강인한 인내가 필요하다.

보조 덕목

- 끈기 버팀, perseverance: '쉽게 단념하지 않고 끈질기게 버텨 나가는 기운'이

다. 불굴의 지속성을 말한다. 방해 요소나 스트레스가 있더라도 의지를 굽히지 않고 계속 해 나가는 것이야말로 끈기다.

- 확신 confidence: '굳게 믿는 신념'이다. 자신의 신념과 재능을 자기 과시나 오만함 없이 굳게 믿는 것이다.

인내에 관한 토론과 질문

- 인내는 어떤 의미인가? 당신은 인내하는 사람인가? 인내하기를 바라는가?
- '처음에 성공하지 못해도 계속 시도하라'는 말에 동의하는가? 그 이유는?
- 사람들이 확신하는 것이 무엇인지 예를 들어보라.
- 인내의 모범을 보인 훌륭한 사람을 떠올리고 그가 어떻게 인내했는지 말해 보라.
- 인내하는 사람은 존경을 받는가? 그 이유는?
- 어떤 일을 쉽게 포기하지 않을 사람을 당신이 존경하는가? 그 이유는?
- 확신이 있는 사람들이 어울리기 힘든 이유는 무엇인가?
- 당신이 인내를 잃게 만드는 사람이나 상황은 무엇인가? 어떻게 더 인내할 수 있는가?
- 인내하는 사람과 어울리기 쉬운 이유는 무엇인가?
- 당신은 언제 어떻게 확신을 갖는가?

인내 스토리

"팔다리 없이… 오대륙 해협 횡단에 성공" [27]
사지 잃은 佛 40대 홍해 수영횡단 성공 후 "하나님께 감사"

---

27 《국민일보》, 2012-06-22, 백상진 기자.

"브라보! 브라보!" 이른 아침 이집트 타바에서 출발한 필립 크루아종[44]이 5시간 20분 만에 일행과 함께 요르단 아카바 해안에 모습을 드러내자 프랑스 대사관 직원들은 흥분을 감추지 못했다. 뜨거운 햇볕이 내리쬐고 40여 종이나 되는 상어 떼가 우글거리는 6월의 홍해였다. 크루아종은 아프리카와 아시아 대륙을 잇는 이 험한 바다를 의족과 오리발에만 의지해서 횡단하는 데 성공했다. 그는 "하나님께 감사한다."라면서 "우리는 장애인과 비장애인 사이에 어떠한 차이도 없다는 것을 입증했다."라고 감격해했다.

사고로 팔다리를 모두 잃은 프랑스 남성이 홍해를 헤엄쳐 횡단하는 데 성공했다고 AFP통신이 21일현지시간 보도했다.

크루아종은 "15~20㎞를 헤엄친 것 같다."라면서 "태양이 너무 뜨거워 완전히 그을렸지만 바다는 고요하고 멋졌다."라고 당당히 소감을 밝혔다. 이번 횡단에는 군에서 복무하다 다리를 잃은 요르단 전직 군인 두 명과 프랑스 수영 챔피언 출신인 아르노 샤스리도 동행했다. 요르단 선박 네 척이 이들을 호위했다.

크루아종은 1994년 지붕 위 TV 안테나를 제거하려다 고압전기에 감전되어 팔다리를 모두 잃었다. 하지만 좌절보다는 도전정신을 발휘했다. 그는 전 세계 장애인들에게 "할 수 있다."라는 희망의 메시지를 전하고 싶었다. 2010년 각 대륙을 잇는 5개 해협을 수영으로 횡단하겠다는 계획을 발표하며 평화와 연대를 향한 대장정을 구체화했다. 2010년 9월 영국과 프랑스 사이 도버 해협을 13시간 만에 횡단했다. 지난달 17일에는 파푸아뉴기니와 인도네시아 사이 우통 해협을 수영으로 건너 인간승리의 감동을 안겨 줬다. 그는 다음 달 유럽과 아프리카 대륙 사이의 지브롤터 해협을 횡단할 계획이다. 이어 8월에는 날짜 변경선이 지나는 곳으로 미국과 러시아의 경계를 이루는 베링 해협의 다이오미드 제도를 횡단할 것이라고 AFP는 전했다.

"'로봇다리' 김세진 군과 어머니 양정숙 씨
2014 인천장애인 아시안게임 성화 점화자로"[28]

마지막까지 베일에 쌓였던 '2014년 인천장애인아시아경기대회' 최종 점화자로 김세진 군[17세]과 그의 어머니 양정숙 씨가 깜짝 등장하자 화려한 개막식의 불꽃이 더욱 아름답게 펼쳐졌다. 생후 5개월 때 양정숙 씨가 입양한 김 군은 선천성 무형성 장애로 두 다리와 팔에 장애를 가지고 태어났다. 가슴으로

로봇다리 수영선수 김세진 군과 어머니 양정숙 씨가 인천장애인아시아게임 개회식에서 성화를 점화하고 있다.
사진제공: 대한장애인체육회

키운 어머니의 헌신과 누나의 사랑에 힘입어 여섯 번의 수술로 뼈를 깎는 고통을 극복하고 결국 장애인 국가대표 수영선수가 되었다.

4살에 의족을 하고

5살에 5km 마라톤 완주

9살에 10km 마라톤 완주

5km 달리기 완주

해발 3870m의 로키산맥 등정

11살에 10km 장애인 수영 마라톤 1등[상금 4천만 원을 즉석에서 장애기관에 기증]

13살에 10km 아세아 마라톤 대회 1위

2009년 전국장애학생체육대회 100m 금메달, 50m 금메달

---

28 참고자료: 대한장애인체육회 블로거. http://kpcblog.kr/220213503179. 세바시 청년강연회. blog.naver.com/ddablog/40202173310.

2009년 런던 세계장애인수영선수권대회 3관왕 금메달 3개, 은메달 4개

2013년 장애인아시아청소년대회 금메달

2014년 인천장애인아시아경기대회 은메달 1개

2014년 전국장애인체육대회 은메달 2개, 동메달 3개

15살에 성균관대학교 스포츠과학과로 최연소 장애인 장학생이 아닌 성적 전액장학생으로 입학.

"16세 김세진, 험한 세상 다리가 되겠습니다."

2013년 11월 22일 서울시청 신청사 8층 다목적 홀에서 김세진 군의 강의가 있었다.

"어릴 적 동네에 나가면 할머니들이 '저 아이는 거짓말을 많이 하고 말을 잘 안 들어서 저렇게 태어났다.'라고 하는 말을 하도 많이 들어 밤이면 거짓말 안 하고 말을 잘 듣겠다고 매일 기도했습니다.

4살 때 여섯 번의 수술로 뼈를 깎는 아픔을 견뎠고, 걷고 싶었기에 의족을 하고는 엄마는 나를 혹하게 훈련시키셨습니다. 타이어를 끈으로 묶어 몸에 달고 백사장을 기어 다니며 산에도 끌고 올라가고, 밤이면 이불을 깔아놓고 확 밀어 넘어뜨리면서 일어나라고 큰소리치고 또 넘어뜨리고, 앞으로 뒤로 하룻밤에도 수십 번씩 넘어지고 일어났습니다. '너는 걷는 것이 문제가 아니야. 넘어지면 혼자서 일어날 줄 알아야 한다.'라며 이 모든 것을 6개월이 지나고야 알았습니다. 수영을 하러 가면 엄마는 나를 무조건 물에 던졌습니다."

선수생활 7년 동안 메달을 150개금메달 120개, 은메달 30개를 받았다. 11살에 수영 장애인 마라톤에서 10km 부문 1등을 하고 상금 4000만 원을 받았는데 그 자리에서 장애인 기관에 기증했다. 13살 때는 10km 수영 마라톤 대회에서 금 3개와 은 4개를 받아 한국인 최초로 1위를 하고 시상대에 대한민국 태극기가 없다고 김 군 엄마는 위원회에 물었다. 어머니와 선수만 왔기에 준비를 못했다는 말에 엄마는

스케치북에 태극기를 그려 김 군 등 뒤로 높이 들었다.

2014년 인천장애인아시아경기대회 때 성화 봉송에서 마지막 주자 최종 점화를 한 사람이 바로 김세진 군과 그의 어머니 양정숙 씨이다. 인내, 도전, 끈기, 열정의 수영 천재 17세 소년 로봇다리 김세진은 2038년에는 국제올림픽위원회IOC 위원이 되겠다는 꿈을 품고 있다.

황금률

"사랑은 모든 것을 참고 모든 것을 믿으며 모든 것을 바라고 모든 것을 견딥니다."
성경

"간단한 일을 완수하기 위해 인내하는 사람만이 힘든 일을 쉽게 하는 기술을 얻을 수 있다."
무명씨

"실패란 인내가 없는 결과다."
무명씨

"한 줌의 인내가 한 말의 명석한 두뇌보다 가치 있다."
네덜란드 속담

"화를 내는 것은 최대의 실패이며, 인내는 최고의 미덕이다."
무명씨

위인 이야기

마리 퀴리Marie Curie; 1867-1934

폴란드의 와르소에서 태어난 마리는 아주 명석했지만 정부에서 여성의 대학 입학을 금지했기 때문에 1891년 9월 친언니의 도움으로 프랑스 파리의 소르본대학교에 입학한다. 1894년에 파리대학교의 피에르 퀴리 교수를 돕다가 1895년에는 그와 결혼한 후 과학 연구의 동반자가 되었다. 그녀는 남편과 함께 폴로늄과 라듐을 발견하여 1903년 노벨 물리학상을 받았다. 남편이 죽은 뒤에는 순수한 금속 라듐을 분리하는 데 성공, 1911년 노벨 화학상을 받기도 했다.

벤자민 프랭클린Benjamin Franklin; 1706-1790

미국 매사추세츠 주 보스턴의 검소한 가정에서 태어난 프랭클린은 아주 명석하고 배우는 걸 좋아했다. 그런데 경제적인 이유로 제도 교육을 2년만 받고 평생 독학했다. 그는 형의 인쇄소에서 실습생으로 일하는 동안 손에 닿은 책은 전부 읽었다. 열다섯 살 때 사회 평론을 쓰기 시작했지만 형이 폭행을 가하자 열일곱 살 때 필라델피아로 도망갔다.

그는 직접 인쇄소를 열어 온갖 고난 속에서도 끈기와 인내로 부지런히 일했다. 그 덕분에 노력한 성과가 이어졌다. 그와 친구들은 금요일 밤마다 모여 시사 문제와 철학을 토론했고, 1731년에 첫 유료 도서관을 열었다. 1736년에는 소방서와 불우한 소년들을 위해 공립 아카데미를 개설했는데 1749년 펜실베이니아 대학교로 발전하여 1751년에는 미국 최초의 의료센터가 되었다. 그는 과학자로, 발명가로, 출판 발행인으로, 정치인으로 활약했다. 미국 독립선언문, 영국과 조약서, 프랑스와 조약서, 미국 헌법 등 네 개 문서에 모두 서명한 유일한 미국 헌법 제정자다.

인내 실행하기

- 당신을 괴롭히는 문제가 생기면 좌절감을 표현하기 전에 최대한 기다려라.
- 일이 잘되지 않으면 다시, 또다시 시도하라.
- 화나는 일이 생기면 참고 마음을 가라앉혀라.
- 어려운 일을 완수할 때까지 계속 노력하라.
- 강한 의견을 가진 사람을 이해하려고 노력하라.
- 시작한 일은 반드시 끝내라.
- 인내를 잃게 만드는 사람이나 일에 집중하고 이해하도록 노력하라.
- 힘든 일이나 상황을 포기하지 마라.
- 확신이 강한 사람과 의견이 다를 때는 대화를 통해 이해하려고 노력하라.

지역 봉사 아이디어

- 학교에서 재활용 수거를 도와라.

- 학교에서 훌륭한 공부 습관을 익히는 캠페인을 조직하라.

- 지역의 식품은행에서 자원봉사를 하라.

- 도서관 또는 동물보호소에서 인내가 필요한 일을 자원하라.

인내에 관한 글 읽기

[숙제] 아래의 글을 읽고 다음과 같은 단계별 질문에 따라 1페이지 이내로 요약하라.

제목 _____

저자 _____

1. 저자가 이 글을 쓴 목적

_____

_____

_____

2. 줄거리

_____

_____

_____

3. 글을 읽기 전과 후에 생각이 달라진 점은 무엇인가?

_____

_____

_____

4. 글을 읽은 후 나의 결심

_____

_____

_____

■ 인내의 덕목을 세우는 간단한 이야기를 골라 소리 내어 읽거나
  다른 사람에게 읽어 주어라.

까마귀와 물주전자 The crow and the pitcher[29]

이 이야기는 뜻이 있는 곳에는 반드시 길이 있다는 진리를 말해 준다.

· · ·

옛날에 몹시 목마른 까마귀가 마실 물을 찾아 먼 길을 날아오느라 지칠 대로
지쳐서 나무에 앉아 있었다. 그런데 문득 물주전자 하나가 눈에 띄었다. 재빨리
다가갔지만 물주전자에는 물이 조금밖에 남아 있지 않았다. 까마귀의 부리가 물
에 닿을 수조차 없었다.

"그렇지만 나는 저 물을 꼭 먹고 말테야."

까마귀는 울부짖었다.

"난 이제 너무 지쳐서 더 이상 날아갈 수도 없단 말이야. 어떻게 하면 좋지….
아, 그래! 저놈의 물주전자를 엎어 버려야지."

까마귀는 두 날개로 물주전자를 세게 내리쳤다. 하지만 물주전자는 무거워서
꿈쩍도 하지 않았다. 까마귀는 곰곰이 생각해 보았다. '그래, 맞아! 저놈을 깨뜨

_____

29 이솝, 출처: William J. Bennett, 최홍규 옮김, 『미덕의 책 2』(*The Book of Virtue*).

려 버리는 거야! 물이 밖으로 쏟아질 때 먹어 버리면 되는 거야. 아, 얼마나 꿀맛 같을까!' 까마귀는 부리와 발톱, 두 날개를 이용해서 물주전자를 들이받았다. 이번에도 물주전자는 꿈쩍 하지 않았다.

불쌍한 까마귀는 너무 힘들어서 잠시 하던 일을 멈추었다.

"이제 어쩌면 좋지? 바로 눈앞에 물을 두고 죽어버릴 수도 없는 노릇이고. 아니야, 다시 차분히 생각해 보자. 분명히 방법이 있을 거야."

잠시 후 좋은 생각이 떠올랐다. 여기저기에 조약돌이 널려 있는 게 아닌가! 까마귀는 조약돌을 하나하나 부리로 물어 올려 물주전자 속으로 떨어뜨렸다. 그러자 물이 솟아올랐고, 마침내 까마귀는 그 물을 마실 수 있었다. 아, 얼마나 꿀맛 같은가!

"아무리 어려운 상황에 처해도 방법은 반드시 나오게 마련이야."

까마귀는 흐뭇해하며 말했다.

"그것을 재치 있게 찾아내기만 한다면 말이야."

네덜란드의 꼬마 영웅The little hero of holland[30]

진정한 용기와 인내를 보여 주는 이야기가 있다. 고통과 외로움과 위험에도 불구하고 자신의 의무를 다한 사람, 역경이 자신을 사로잡고 있어도 즐거운 마음으로 꿋꿋하게 버텨 낸 사람, 그 결심이 바다보다 깊은 사람의 이야기다.

· · ·

네덜란드는 국토의 많은 부분이 해수면 아래에 놓여 있는 나라다. 그래서 바닷물이 육지로 범람하는 것을 막기 위하여 견고한 제방을 쌓는 데 정열을 바쳐 왔다. 어린이들까지도 제방 경계를 한순간이라도 게을리해서는 안 된다는 사실을, 그리고 손가락 굵기의 구멍이라 할지라도 아주 위험한 사태를 몰고 올 수 있

---

30 에타 오스틴 블레이델과 메리 프란세스 블레이델(Etta Austin Blaisdell and Mary Frances Blaisdell), 출처: William J. Bennett, 최홍규 옮김, 『미덕의 책 2』(*The Book of Virtue*).

다는 사실을 잘 알았다.

오래전 네덜란드에 피터라는 소년이 살고 있었다. 피터의 아버지는 수문관리인이었다. 배들이 네덜란드의 운하를 통과하여 대양으로 나갈 수 있도록 수문을 열고 닫았다. 피터가 여덟 살이던 초가을 어느 날 오후, 어머니는 친구들과 노는 피터를 불렀다.

"피터야, 과자를 좀 구웠는데 제방 건너에 사는 눈먼 친구에게 갖다 주었으면 좋겠구나. 중간에서 한눈팔고 놀지 않는다면 어두워지기 전에 돌아올 수 있을 거야."

소년은 기쁜 마음으로 출발하여 긴 둑을 지나 눈먼 친구에게 과자를 전해 주었다. 그리고 집으로 돌아오는 길에 바닷물이 무서운 속도로 몰려와서 제방에 부딪치는 것을 보고는 아버지가 지키는 수문을 생각했다. '제방이 저렇게 튼튼하니까 됐어. 그런데 저 제방이 무너지면 어떤 일이 일어날까? 이 아름다운 들판이 물속에 잠겨 버리겠지? 아버지는 성난 파도라고 부르시곤 하지. 저 파도가 수문으로 들어오는 걸 막는다고 화내는 거라 생각하나 봐.'

소년은 계속 걸어가면서 길가의 예쁜 꽃들을 따거나 토끼의 발소리를 듣기 위해 걸음을 멈추곤 했다. 그런데 이상한 소리가 들리는 듯했다. 자세히 귀를 기울여 보니 틀림없이 물 흐르는 소리였다. 발걸음을 멈추고 아래쪽을 내려다보았다. 제방에 조그만 구멍이 생겼는데 바로 그 구멍에서 아주 가느다란 물줄기가 흘러 나오고 있는 것이었다.

피터는 즉시 위험을 알아차렸다. 바닷물이 그 조그만 구멍을 통해 들어오면 곧 더 큰 구멍이 될 것이고, 마침내 온 나라가 물바다가 되어 버릴 터였다. 피터는 자신이 무엇을 어떻게 해야 하는지 곧 알아차렸다. 당장 제방 아래로 내려가 손가락 하나를 그 작은 구멍에 찔러 넣었다. 물은 더 이상 들어오지 않았다.

"오오! 저 성난 파도가 들어오게 해서는 안 돼. 손가락으로 못 들어오게 할 수 있을 거야. 그래! 내가 여기서 버티고 있는 한 네덜란드가 물에 잠기는 일은 없을 거야."

처음에는 그런대로 견딜 만했지만, 이내 곧 어두워지고 날씨가 추워졌다. 피터는 소리치고 또 소리쳤다.

"누구 없나요? 아무도 없어요? 제발 이리 좀 와 주세요."

날씨는 더 추워졌고, 소년의 한쪽 팔은 아리다 못해 뻣뻣해지기 시작했다. 피터는 다시 소리쳤다.

"아무도 없어요? 엄마! 엄마!"

어금니가 추위로 덜덜거렸다. 따뜻한 잠자리에 들었을 형과 누나 그리고 사랑하는 어머니와 아버지가 떠올랐다. '가족들을 물에 빠져 죽게 할 수는 없어. 밤새도록 기다릴 거야. 누군가 올 때까지….'

다음 날 아침, 일터로 가던 사람이 제방 꼭대기로 난 길을 따라 걷다가 신음 소리를 들었다. 가장자리를 넘겨다 보니 어린아이가 거대한 제방에 달라붙어 있었다.

"무슨 일이냐? 어디 다쳤니?"

"저는 바닷물이 들어오지 못하게 막고 있는 거예요!"

피터가 소리쳤다.

"빨리 사람들을 좀 불러 주세요."

비상경보가 퍼져 나갔다. 사람들이 삽을 들고 달려왔고, 마침내 그 물구멍을 막았다. 사람들은 피터를 들것에 실어 부모님이 있는 집으로 데리고 갔고, 마을 사람들은 소년이 그날 밤 어떻게 자신들의 목숨을 구했는지 깨달았다. 그리고 지금까지도 네덜란드의 용감한 꼬마 영웅을 잊지 않는다.

Character Education

● 1월 품성 주제: 용기

:: 교육 일정

1일 제안 시간 50분 - 강의: 20분, 학생 토론과 나눔: 20분, 마무리: 10분

[1주]

1일: 주제 품성과 덕목의 뜻을 설명한 후 그룹별로 토론한다.

2일: 품성의 정의와 나의 결심을 설명하고 암송영어 포함한다. 내일의 숙제를 상기시킨다.

3일: 품성의 정의와 나의 결심을 암송했는지 확인한다. 매일 시작할 때 암송한다.

[숙제] 각자 집에서 품성 이야기를 소리 내어 읽고 내용을 세 줄로 요약한 다음, 이야기에 나타난 덕목을 파악하여 나의 소감을 세 줄로 정리한다. 그것을 바탕으로 두 사람씩 짝을 지어 깨달은 점을 나눈다.

4일: 주제 품성에 관련된 정의와 나의 결심, 격언 또는 명언을 포함한 포스터를 만들어 교실이나 복도에 게시한다.

5일: 주제 품성을 실천하는 모범을 보여 신문, 방송, 잡지에 소개된 사람과 위인, 영웅 이야기를 사진과 함께 스크랩하여 학급에서 발표한다.

[2주]

1일: 주제 품성에 따른 봉사 활동을 생각해 내고 정리한 후에 실행 방법을 작성한다.

2일: 주제 품성을 가정에서 부모님께 실천할 수 있는 사례를 생각해 내고 작성하여 학급에서 나눈다.

3일: 학급에서 나눈 주제 품성을 정리한 후 부모님께 실천하겠다는 편지를 써서 부모님께 드린다.

4일: 주제 품성을 학교에서 선생님 또는 교직원들에게 실천할 수 있는 방법을 생각해 내고 포스터로 만들어 교실이나 복도에 게시한다.

5일: 주제 품성을 같은 학급 친구들이 실천할 수 있는 방법을 생각해 내고 포스터로 만들어 교실에 게시한다.

[3주]

1일: 주제 품성을 선생님 또는 교직원이 학생들에게 실천할 수 있는 방법을 생각해 내고 포스터를 만들어 복도에 게시한다.

2일: 주제 품성을 부모님이 아이들에게 실천할 수 있는 방법을 생각해 내고 포스터를 만들어 가정의 적당한 곳에 게시한다.

3일: 아이들이 가정에서 부모님께 주제 품성을 잘 실천한 사례를 적고 학급에서 나눈다.

4일: 학생들이 학교에서 선생님께 주제 품성을 잘 실천한 사례를 적고 학급에서 나눈다.

5일: 학생들이 학급에서 친구들에게 주제 품성을 잘 실천한 사례를 적고 학급에서 나눈다.

[4주]

1일: 주제 품성의 정의와 나의 결심 암기 대회를 학급에서 실시하고 품성 칭찬을 한다.

2일: 주제 품성의 봉사 활동을 성공리에 실시한 사례를 나누고 축하한다.

3일: 주제 품성을 실행한 선생님 또는 교직원에게 "좋은 OO 품성의 모범" 상장을 수여한다.

4일: 주제 품성의 모범을 잘 보인 학급 친구들에게 "좋은 OO 품성의 모범" 상장을 수여한다.

5일: 주제 품성 실천을 통해 얻은 다양한 결과를 이야기로 정리하여 교사, 부모, 학생들에게 배부한다.

"건강한 사람은 용기가 있지만, 용기 있는 자가 반드시 건강한 것은 아니다."

공자

[목적] 우리 선조들이 직면했던 도전은 풍요로운 현대 사회에서는 더 이상 찾아보기 어렵다. 물질이 넘치다 보니 생존의 상황에 부딪힐 일이 적다. 우리의 기질용기을 시험하는 육체적 도전은 끈기 경연이나 우리의 가슴을 설레게 하는 모험 등 과잉 활동을 통해 드러날 뿐이다.

우리는 자신의 품성을 되돌려 생각해 보는 용기 있는 행동을 게을리 하는 반면 외적인 경험을 통해 용기를 확인하려는 경향이 있다. 물질적인 압박에 직면하면 우리에게 필요한 것과 우리가 바라도록 영향받은 것을 분별하는 용기를 불러일으킬 필요가 있다. 내면의 자신을 이해하기 위해 용기를 내는 것은 육체적 도전 이상으로 끈질김과 정신적 강인함이 필요하다.

용기 하면 도덕적 강인함을 떠올린다. 두려움에 맞서 도전하는 것이 용기다. 용기 있는 사람은 자신의 두려움을 인정하고 극복하는 데 두려움이 없다. 세르반테스의 말을 들어보자.

"건강을 잃은 사람은 많은 걸 잃은 것이고, 친구를 잃은 사람은 더 많은 걸 잃은 것이며, 용기를 잃은 사람은 모든 걸 잃은 것이다."

용기의 정의와 나의 결심

용기: 두려움

위험이나 어려운 중에도 담대한 마음과 의지로 확고히 행동하는 것.

Courage vs. Fear: Acting with firmness of mind and will in danger or difficulty.

나의 결심

- 정의나 진실을 위해 두려움 없이 말하겠다.
- 양심에 거리낌 없이 옳은 일을 바르게 하겠다.
- 최종 결정을 하기 전에 열린 태도로 남의 의견을 듣겠다.
- 나의 옳은 결정에 대해 책임을 다하겠다.
- 외부의 압력에도 불굴의 신념으로 변하지 않겠다.

작지만 강인한 턱과 큰 발톱을 지닌 오소리는 궁지에 몰리면 쉽게 포기하지 않고 용기 있게 끝까지 싸우는 동물이다.

보조 덕목

- 집착^{끈질김}, tenacity: '일이나 사물에 마음을 쏟아 매달리는 마음'이다. 라틴어는 temax, '꼭 붙잡는 경향'이라는 뜻이다. 도덕적인 방법으로 생각만 하는 것과 자신의 생각을 행동으로 보이는 것은 분명 다르다. 어려움이나 위험이 따를지도 모르는 생각을 꼭 붙잡아 지키는 것은 평범한 일이 아니다.

- 신념^{conviction}: '굳게 믿는 사상이나 생각을 실현하려는 의지'이다. 신념이

있는 사람은 동료나 주변 환경에 쉽게 흔들리지 않는다. 주어진 과업이 아무리 힘들어도 중간에 포기하지 않는다. 동료의 압력이나 힘든 상황에서도 자신의 가치와 목표에 따라 결단한다.

용기에 관한 토론과 질문

- 당신은 항상 친구들이 하라는 대로 해야 하는가?
- "아니오."라고 말하는 힘의 원천은 무엇인가?
- 어떻게 해야 할지 모를 때 누구에게 도움을 구하는가?
- 허드렛일이나 집안일을 스스로 할 수 있는가?
- 스스로 생각하기에 당신 그룹의 모든 사람이 잘못한다면 그들과 동참하지 않을 용기가 있는가?
- 잘못된 일을 하지 않으려고 저항하거나 올바른 일을 실천하기 위해 내면의 힘을 발휘할 수 있는가?
- 어려운 일이라도 계속 노력할 수 있는가?
- 용기가 필요한 결정에 직면한 적이 있는가?
- 어려운 결정을 할 때 어떤 자원을 끌어내는가?
- 사람을 바르게 하는 것은 무엇인가? 나이, 부, 권력, 명성, 미덕? 그 이유는?
- 당신의 강한 신념을 말하고 당신의 생각을 바꿀 수 있는 것은 무엇인가? 언제 바꿔야 하는지 어떻게 아는가?

용기 스토리

"최연소 노벨 평화상 수상자 말랄라"[31]

---

31 《국민일보》, 2014.10.11.

; 총 맞고도 '여성 교육' 외친 17세 소녀

2014년 노벨 평화상 수상자로 파키스탄의 10대 여성 인권운동가 말랄라 유사프자이17세와 인도의 아동노동 근절 및 교육권 보장 운동가 카일라시 사티아르티 60세가 공동 수상했다고 노벨위원회가 10일현지시간 밝혔다.

노벨위원회는 "두 사람은 어린이와 청소년에 대한 억압에 반대하고 모든 어린이의 교육권을 위한 투쟁에 나섰다."라고 밝혔다. 파키스탄 출신인 말랄라는 역대 최연소 노벨상 수상이라는 기록도 세웠다. 노벨위원회는 이슬람교도인 말랄라와 힌두교도인 사티아르티가 교육 및 극단주의 반대를 위한 투쟁에 동참한 것이 수상자 선정에 주요소로 고려됐다고 강조했다. 시상식은 노벨상 창시자 알프레드 노벨의 사망일인 12월 10일 노르웨이 오슬로에서 개최된다.

◇ 역대 최연소 노벨상 수상 = 타임지는 2013-2015년 "세계에서 가장 영향력 있는 100인"에 말랄라를 선정했다. 말랄라는 "탈레반 피격소녀"로 더 잘 알려진 인물이다. 2012년 10월 파키스탄 북서부 기베르 파트툰와크주 스와트 밸리 지역의 밍고라 마을에서 학교를 마치고 귀가하다 괴한의 총격에 머리를 맞고 사경을 헤맸다. 그녀가 11세 때부터 운영한 블로그에서 여학생의 등교를 금지하고 여학교를 불태우는 등의 만행을 저지른 파키스탄탈레반TTP을 고발한 데 따른 보복이었다. TTP는 사건 직후 "여성에게 세속적 교육을 시키는 것은 이슬람 율법에 어긋난다."라며 "누구든지 율법에 어긋난 세속주의를 설파하면 공격 대상이 될 것"이라고 했다. 말랄라는 영국에서 수술을 받고 기적적으로 살아났다.

살해 위협에도 불구하고 말랄라는 여성이 교육받을 권리를 주창했다. 지난해 7월 미국 뉴욕 유엔총회장에서 "한 명의 어린이가, 한 사람의 교사가, 한 권의 책이, 한 자루의 펜이 세상을 바꿀 수 있다."라며 어린이 무상교육을 강조했다. 반기문 유엔 사무총장도 기립박수를 보내며 그녀의 감동적인 연설에 경의를 표했다. 7월에는 극단주의 이슬람 단체 보코하람에 의해 납치된 나이지리아 여학생

200명의 무사 귀환을 호소하기도 했다.

노벨위원회는 어린 나이에도 수년간 소녀의 교육권을 위해 싸운 말랄라가 어린이와 청소년도 자신들의 상황을 개선하는 데 이바지할 수 있음을 보여 주는 사례라고 설명했다. 특히 위험한 환경에서도 투쟁을 통해 소녀의 교육권을 선도적으로 대변한 점을 높이 평가했다고 덧붙였다.

지난해에도 후보에 올랐던 그녀는 1915년 25세로 노벨 물리학상을 받은 영국 출신 로런스 브래그를 제치고 역대 가장 어린 나이로 노벨상을 받게 됐다. 나와즈 샤리프 파키스탄 총리는 "그녀는 파키스탄의 자랑"이라고 축하했다.

황금률

"옳은 일을 알면서도 행하지 않는 자는 용기가 없는 자다." 공자

"우리가 도전하지 않는 것은 일이 어려워서가 아니라 어려운 일에 도전하지 않기 때문이다." 세네카

"상대방을 기쁘게 하거나 곤란함을 피하기 위해 '예.'라고 하기보다는 깊은 확신 때문에 '아니오.'라고 말하는 것이 훨씬 낫다." 간디

위인 이야기

헬렌 켈러 Helen Keller; 1880-1968

미국 앨라배마 주 투스큼비아에서 태어난 헬렌 켈러는 중병으로 시력과 청력을 잃었고 곧 말문도 막혔다. 그녀는 5년 동안 침묵과 어둠 속에 살다가 1887년 3월 2일, 앤 설리번의 가르침을 받기 시작했다. 설리반의 교육과 헌신으로 헬렌은 한 달 만에 언어를 배워서 점자책을 읽고 말을 했으며, 1904년 대드크리프대학교를 졸업했다. 그녀는 여든여덟에 세상을 떠날 때까지 글을 쓰고 연설하며 미국맹인재단을 위해 200만 달러를 모금했다. 그녀의 가장 큰 재능은 결단력과 용

기로 많은 사람에게 영감을 준 것이었다.

로사 팍스Rosa Parks; 1913- 2005

출처: https://www.flickr.com/
photos/36864075N00/56691220

앨라배마 주 터스키기에서 태어난 이 소녀가 위인으로 존경받으리라는 징조는 없었다. 어머니는 교사, 아버지는 목수였다. 어린 시절 앨라배마 주의 파일레벨로 이사했기에 로사는 인종 차별의 지독한 현실에서 보호될 수 있었다. 그녀는 몽고메리 시에서 고등학교와 대학을 다녔고, 1932년 레이먼드 팍스와 결혼한 후 인권 운동 차원에서 투표 등록에 적극적으로 참여했다. 로사는 교육과 공공 주택의 차별 장벽을 허물기 위해 NAACP미국유색인종협회에서 활동했다. 그리고 1955년, 몽고메리 시의 백화점에서 정장 보조원으로 일하던 어느 날, 전국적인 명성을 얻었다. 로사는 일을 끝내고 집으로 돌아가기 위해 버스에 올라 자리에 앉았다가 자리를 비우라는 백인 승객의 요구를 거절하여 경찰에 체포되었다. 흑인 시민들은 몽고메리 버스 회사에 항의하는 시위를 했고, 이 일을 계기로 미국 전역에 인종 차별 금지 운동이 확산되었다.

용기 실행하기

- 그릇된 일을 부탁받으면 정중하게 "아니오."라고 말하라.
- 당신이 직면한 어려운 일을 부모님이나 선생님에게 말하라.
- 집안일과 숙제를 즐겁게 끝내라.
- 다른 사람들이 반대할지라도 당신의 의견을 표현하라.
- 도덕적 용기가 있는 사람에 관한 이야기를 읽어라.

- 당신의 강력한 신념에 대해 적어 보라.
- 친구들이 옳지 않은 일을 하면 동의하지 마라.
- 그달의 품성을 실천하는 강력한 의지를 개발하라.
- 품성을 공유하는 친구를 선택하라.
- 당신이 강하게 확신하는 것을 열거해 보라.

지역 봉사 아이디어

- 지역의 불의한 사항에 대해 지역 신문사의 편집인에게 편지를 보내라. 편지에 학급 전체 이름으로 서명하면 학급 전체의 좋은 사안이 될 수 있다.
- 위험에 처한 동물을 구하기 위해 노력하는 기관에서 봉사하라.
- 사람 사귀는 걸 힘들어하는 친구와 함께 놀거나 공부하도록 주선해 보라.
- 지역 사회의 문제를 해결하기 위해 적당한 곳에 포스터를 전시하라.

용기에 관한 글 읽기

[숙제] 아래의 글을 읽고 다음과 같은 단계별 질문에 따라 1페이지 이내로 요약하라.

제목 _____

저자 _____

1. 저자가 이 글을 쓴 목적

_____

_____

_____

2. 줄거리

_____

_____

_____

3. 글을 읽기 전과 후에 생각이 달라진 점은 무엇인가?

_____

_____

_____

4. 글을 읽은 후 나의 결심

_____

_____

_____

■ 용기의 덕목을 세우는 간단한 이야기를 소리 내어 읽거나 다른
　사람에게 읽어 주어라.

나는 꿈이 있다 I have a dream[32]

　　　　1963년 8월 28일, 20만에 가까운 사람들이 인권 투쟁을 위
한 평화 시위를 위해 워싱턴기념비와 링컨기념관 사이에 모여
들었다. 그리고 마틴 루터 킹의 연설이 시작되었다. 그는 미국
인들에게 변화가 찾아올 거라는, 언젠가는 모든 사람이 피부

32　마틴 루터 킹(Martin Luther King, Jr), 출처: William J. Bennett, 최홍규 옮김, 『미덕의 책2』,
　　The Book of Virtue.

빛깔이 아니라 품성에 의해 평가받을 거라는 믿음으로 일하라고 강조했다. "나는 꿈이 있다."라는 그의 외침은 아직도 전 세계인의 양심을 고무시키고 있다.

• • •

100년 전, 위대한 미국인이 노예해방선언서에 서명했습니다. 이 중대한 선언은 수백만 흑인 노예들의 마음에 커다란 희망의 횃불이 되었습니다. 노예라는 기나긴 밤을 끝낼 수 있는 찬란한 새벽이 찾아온 것입니다.

그러나 100년이 지난 지금도 흑인은 아직도 자유롭지 못하다는 비극적인 사실에 직면하지 않을 수 없습니다. 100년이 지난 지금도 흑인들의 생활은 '인종 차별'이라는 수갑에 의해서, 그리고 '차별 대우'라는 사슬에 의해서 여전히 절름발이 상태입니다. 100년이 지난 지금도 흑인은 미국 사회 구석구석에서 여전히 초췌한 모습을 하고 있으며, 자신의 땅에서 여전히 유랑자 신세입니다. 그러므로 우리는 간담을 서늘케 하는 한 가지 조건을 극적으로 표현하기 위해 오늘 이곳에 모인 것입니다.

어떤 의미에서 우리는 수표를 현금으로 바꾸기 위해 이곳 미국의 수도에 온 것입니다. 미합중국을 창시한 헌법 제정자들이 헌법과 독립선언서의 장엄한 내용을 작성할 때, 그들은 모든 미국인이 마땅히 그 상속자가 되어야만 한다는 '약속어음'에 서명했던 것입니다. 이 약속어음이야말로 모든 사람은 생명과 자유 그리고 행복 추구라는 양도할 수 없는 권리를 보장받을 거라는 계약서였던 것입니다.

미국의 유색 시민들이 관계되는 한 미국이 이러한 약속어음을 이행한 적이 없다는 사실은 명백히 드러나고 있습니다. 이 신성한 의무를 존중하는 대신 미국은 흑인 국민들에게 '부도수표', 즉 '예금이 부족함'이라고 찍혀 되돌아온 수표를 주어왔습니다. 그러나 우리는 정의로운 은행이 파산했다는 사실을 거부합니다. 우리는 이 국가의 거대한 기회 금고에 자금이 부족하다는 사실을 거부합니다. 그래서 우리가 요청하자마자 풍요한 자유와 보장된 정의를 제공해 줄 수표를 현금으로 바꾸려고 이곳에 모인 것입니다.

우리는 또한 오늘의 위기를 상기시키기 위해 이 신성한 곳에 모였습니다. 지금은 냉전이라는 사치에 빠지거나 점진주의라는 안정제를 복용할 때가 아닙니다. 지금이야말로 민주주의의 약속을 실현해야 할 때입니다. 지금이야말로 인종차별이라는 어둡고 황량한 골짜기에서 나와 인종정의라는 햇살이 밝게 비치는 작은 길로 올라설 때입니다. 만약에 국가가 지금의 위기를 간과하고 흑인의 결단을 과소평가한다면 치명적인 일이 될 것입니다.

흑인의 합법적인 불만이라는 이 무더운 여름은 자유와 평등이라는 평온한 가을이 오고 나서야 비로소 지나갈 것입니다. 1963년은 끝이 아니라 시작입니다. '흑인이 분노를 발산시킬 필요가 있는데…'라고 생각하며 지금쯤 만족하기를 바라는 사람들이 있다면, 그들은 미국이 일상으로 되돌아갈 때 잠자리에서 곱게 일어나지 못할 것입니다. 흑인이 시민의 권리를 부여받을 때까지 미국은 휴식도 평온도 없을 것입니다. 정의의 밝은 날이 올 때까지 폭동의 소용돌이는 끊임없이 미국의 기반을 뒤흔들어 놓을 것입니다.

그렇지만 정의의 궁전으로 들어가는 따뜻한 문턱에 서 있는 사랑하는 민족에게 꼭 말하지 않으면 안 될 일이 있습니다. 우리의 정당한 입장을 확보하는 과정에서 절대로 불법 행위나 범죄를 저질러서는 안 된다는 것입니다. 원한과 증오의 잔으로 술을 마심으로써 자유에 대한 우리의 갈증을 풀려고 하지 맙시다. 우리는 '존엄'과 '수양'이라는 높은 수준에서 영원히 우리의 투쟁을 수행해야만 합니다. 우리의 창조적인 항의가 육체적인 폭력으로 타락하지 않게 해야 합니다. 또한 몇 번이고 영혼의 힘과 육체적인 힘이 만나는 장엄한 고지까지 올라가야만 합니다. 흑인 사회를 삼켜 버린 놀랍고 새로운 호전성이 모든 백인을 불신하게 만들어서는 안 된다는 것입니다. 많은 백인 형제들이 오늘 이곳에 참석함으로써 입증되었듯이, 그들이 우리의 자유와 풀 수 없을 정도로 뒤얽혀 있다는 사실을 믿게 되었기 때문입니다.

우리는 혼자서는 걸어갈 수 없습니다. 그리고 우리가 저들보다 앞서 나아가겠다는 맹세를 해야 합니다. 우리는 이제 뒤로 돌아설 수도 없습니다. 인권 옹호자들에게 "당신은 언제쯤이나 만족할 것입니까?"라고 묻는 사람들도 있습니다.

우리는 흑인이 무자비한 경찰의 희생물이 되는 한 결코 만족할 수 없습니다.

우리는 여행의 피로로 무거워진 몸이 간선도로나 도시의 모텔에서 음식과 잠자리를 얻을 수 없는 한 결코 만족할 수 없습니다.

우리는 흑인의 거주 이동 범위가 작은 빈민가에서 대규모 빈민가까지 제한되어 있는 한 만족할 수 없습니다.

우리는 미시시피 주의 흑인이 투표할 수 없고 뉴욕 주의 흑인이 선거할 대상이 없다고 믿는 한 결코 만족할 수 없습니다.

아니, 아니, 우리는 정의가 수돗물처럼 흘러나오고 정직이 힘차게 흐르는 시냇물처럼 흘러나오지 않는 한 만족하지 못할 것입니다.

나는 여러분이 살고 있는 주의 일부가 커다란 시련과 고난으로부터 이곳에 나오게 되었을 것이라는 사실을 잊지 않았습니다. 여러분 중에는 형무소에서 기적처럼 살아나온 분도 있습니다. 자유에 대한 갈망 때문에 박해라는 폭풍우에 난타당하고, 경찰의 무자비한 행위라는 바람에 의해 비틀거리는 곳에서 나온 분도 있을 것입니다. 여러분은 세상에 둘도 없는 독창적인 고통의 베테랑이 되었습니다.

하지만 우리는 '이 부당한 고통이야말로 하나님에 대한 속죄의 의미를 가지고 있다.'라는 신념을 가지고 계속 일해야 합니다.

미시시피로 돌아가십시오. 앨라배마로 돌아가십시오. 남캐롤라이나로 돌아가십시오. 조지아로 돌아가십시오. 루이지애나로 돌아가십시오. 미국 북부 여러 도시의 빈민가로 돌아가십시오. 이러한 상황이 바뀔 수 있고 조만간 바뀌고 말 거라는 사실을 믿고 돌아가십시오. 이제 절망의 골짜기에서 뒹굴지 맙시다.

나는 오늘 내 친구인 여러분에게 지금의 견디기 힘든 고난과 좌절에도 불구하고 나는 아직도 꿈이 있다는 사실을 말씀드립니다. 그것은 미국인의 꿈 속에 깊이 뿌리박힌 꿈입니다.

나는 언젠가 이 나라가 자리를 박차고 일어나 '우리는 이러한 진리가 자명하다고 생각한다. 즉 모든 인간은 평등하게 창조되었다는 것을…'이라는 신념의 진정한 의미를 견뎌낼 거라는 꿈이 있습니다.

나는 언젠가는 조지아의 붉은 언덕에서 과거 노예 생활을 했던 사람들의 자손과 과거 노예를 소유했던 사람들의 자손이 형제를 맺는 테이블에 함께 자리할 거라는 꿈이 있습니다. 그리고 언젠가는 불의와 억압의 열기로 찌는 듯이 무더운 미시시피 주조차도 자유와 정의의 오아시스로 바뀔 거라는 꿈이 있습니다.

나는 아직 어린 네 아이가 언젠가는 피부 색깔이 아니라 품성에 의해 평가받는 나라에 살 거라는 꿈이 있습니다.

나는 오늘 꿈이 있습니다. 언젠가는 중재와 파기에 대한 말들로 물기가 마를 날이 없는 앨라배마 주가 흑인 소년 소녀들이 백인 소년 소녀들과 손에 손을 맞잡고 형제 자매로서 함께 걸어갈 수 있는 곳이 될 거라는 꿈이 있습니다.

나는 오늘 꿈이 있습니다. 언젠가 모든 계곡은 높아지고 모든 언덕과 산은 낮아질 것이며, 거친 곳은 평평해지고 구부러진 곳은 곧게 펴질 것이며, 하나님의 영광이 우리에게 드리워져 모든 사람이 그것을 함께 보리라는 꿈이 있습니다.

이것이 우리의 희망입니다. 이것이 내가 가지고 남부로 되돌아가는 신념입니다. 이러한 신념으로 우리는 절망의 산에서 희망의 돌 하나를 쪼개어 낼 수 있을 것입니다. 이러한 신념으로 우리는 미국의 불협화음을 형제라는 아름다운 심포니로 바꿀 수 있을 것입니다. 이러한 신념으로 우리는 함께 일하고 함께 기도하고 함께 싸우며, 언젠가는 자유로워질 거라는 사실을 인식하며, 함께 자유를 쟁취하기 위해 일어설 수 있을 것입니다.

오늘은 하나님의 모든 자녀가 "나의 조국은 당신의 조국, 자유가 넘치는 달콤한 나라, 당신에 대해 나는 노래한다. 나의 아버지가 돌아가신 나라, 선조들의 자부심이 깃들어 있는 나라, 모든 산허리에서 자유의 종소리가 울려퍼지게 하라."

고 노래하는 날이 될 것입니다.

그리고 미국이 위대한 국가가 되려면 반드시 실현해야 하는 일이 있습니다. 자유의 종소리가 뉴햄프셔의 거대한 언덕 꼭대기에서 울려 퍼지게 합시다. 뉴욕주의 강대한 산맥에서 울려 퍼지게 합시다. 자유의 종소리가 펜실베이니아의 앨리게이니 산맥에서 울려 퍼지게 합시다. 자유의 종소리가 콜로라도의 눈 덮인 로키 산맥에서 울려 퍼지게 합시다. 자유의 종소리가 캘리포니아의 산꼭대기에서 울려 퍼지게 합시다.

그러나 단지 그렇게만 하지는 맙시다. 자유의 종소리가 조지아의 스톤 마운틴에서도 울려 퍼지게 합시다. 자유의 종소리가 테네시의 룩아웃 마운틴에서도 울려 퍼지게 합시다. 자유의 종소리가 미시시피의 모든 언덕과 작은 둔덕에서도 울려 퍼지게 합시다. 모든 산허리에서 자유의 종소리가 울려 퍼지게 합시다.

모든 마을과 촌락 그리고 모든 주와 도시에서 자유의 종소리가 울려퍼질 때, 우리는 하나님의 모든 자녀 즉 피부가 검은 사람과 하얀 사람, 유대인과 이방인, 프로테스탄트 개신교 신도와 가톨릭 신도가 손에 손을 잡고 다음의 흑인 영가를 부르는 모습을 보게 될 것입니다.

"드디어 해방되었다! 드디어 해방되었다! 전능하신 하나님께 감사하라. 드디어 우리는 해방되었다!"

Character Education

● *2월 품성 주제:* 창의력

Creativity

:: **교육 일정**

1일 제안 시간 50분 – 강의: 20분, 학생 토론과 나눔: 20분, 마무리: 10분

[1주]

1일: 주제 품성과 덕목의 뜻을 설명한 후 그룹별로 토론한다.

2일: 품성의 정의와 나의 결심을 설명하고 암송영어 포함한다. 내일의 숙제
를 상기시킨다.

3일: 품성의 정의와 나의 결심을 암송했는지 확인한다. 매일 시작할 때
암송한다.

[숙제] 각자 집에서 품성 이야기를 소리 내어 읽고 내용을 세 줄로 요약
한 다음, 이야기에 나타난 덕목을 파악하여 나의 소감을 세 줄로 정리
한다. 그것을 바탕으로 두 사람씩 짝을 지어 깨달은 점을 나눈다.

4일: 주제 품성에 관련된 정의와 나의 결심, 격언 또는 명언을 포함한 포
스터를 만들어 교실이나 복도에 게시한다.

5일: 주제 품성을 실천하는 모범을 보여 신문, 방송, 잡지에 소개된 사람
과 위인, 영웅 이야기를 사진과 함께 스크랩하여 학급에서 발표한다.

[2주]

1일: 주제 품성에 따른 봉사 활동을 생각해 내고 정리한 후에 실행 방법
을 작성한다.

2일: 주제 품성을 가정에서 부모님께 실천할 수 있는 사례를 생각해 내고
작성하여 학급에서 나눈다.

3일: 학급에서 나눈 주제 품성을 정리한 후 부모님께 실천하겠다는 편지를 써서 부모님께 드린다.

4일: 주제 품성을 학교에서 선생님 또는 교직원들에게 실천할 수 있는 방법을 생각해 내고 포스터로 만들어 교실이나 복도에 게시한다.

5일: 주제 품성을 같은 학급 친구들이 실천할 수 있는 방법을 생각해 내고 포스터로 만들어 교실에 게시한다.

[3주]

1일: 주제 품성을 선생님 또는 교직원이 학생들에게 실천할 수 있는 방법을 생각해 내고 포스터를 만들어 복도에 게시한다.

2일: 주제 품성을 부모님이 아이들에게 실천할 수 있는 방법을 생각해 내고 포스터를 만들어 가정의 적당한 곳에 게시한다.

3일: 아이들이 가정에서 부모님께 주제 품성을 잘 실천한 사례를 적고 학급에서 나눈다.

4일: 학생들이 학교에서 선생님께 주제 품성을 잘 실천한 사례를 적고 학급에서 나눈다.

5일: 학생들이 학급에서 친구들에게 주제 품성을 잘 실천한 사례를 적고 학급에서 나눈다.

[4주]

1일: 주제 품성의 정의와 나의 결심 암기 대회를 학급에서 실시하고 품성 칭찬을 한다.

2일: 주제 품성의 봉사 활동을 성공리에 실시한 사례를 나누고 축하한다.

3일: 주제 품성을 실행한 선생님 또는 교직원에게 "좋은 OO 품성의 모범" 상장을 수여한다.

4일: 주제 품성의 모범을 잘 보인 학급 친구들에게 "좋은 OO 품성의 모범" 상장을 수여한다.

5일: 주제 품성 실천을 통해 얻은 다양한 결과를 이야기로 정리하여 교사, 부모, 학생들에게 배부한다.

"솜씨 좋은 기술자가 훌륭한 물건을 만들려면 우선 연장을 손봐야 한다."

공자

[목적] 창조하는 능력은 인간의 뛰어난 특징이다. 창의력은 그 과정이 개인적이기 때문에 이해하기 어려울 수 있다. 삶의 일부를 다른 사람과 나누는 것이다.

창조력의 취약점을 아는 것에 대해 베토벤은 이렇게 설명한다.

"젊은 작가들의 작품에 관해 더 유의하며 좋은 기분을 발휘하도록 비평가에게 충고하라. 그들이 창조 정신을 잃을 수 있기 때문이다 그렇지 않았으면 그들 중 대다수가 더 높은 경지에 오를 수도 있었을 것이다."

우리는 학생들의 연약한 창조성의 묘목이 뿌리를 내리고 튼튼히 자라 꽃을 피우며 열매를 맺게끔 이끌어 줘야 한다. 학생들은 과제를 낼 때 어떻게 수행해야 하는지 설명해 줘도 일단 당황한다. 학생들의 성장을 뒷받침해 주기 위해 좀 더 구체적으로 설명할 필요가 있다. 그래야 학생들이 창조하는 과정에서 만족을 얻고 자신의 창조 분야를 발견할 것이다.

교사로서 감탄해 주고 자원력을 유지하며 학생들의 다양한 감각을 이끌어 내는 것은 교사의 책임이다. 창의성은 상상력의 기술을 통해 현실로 가져오거나 만드는 능력이다. 이와 같은 정의는 발명하는 능력을 말하는 것이다. 이런 정의는 영상적인 것과 문학과 예술, 공학과 이론 과학 등 모든 것을 말한다. 이 능력이야말로 우리가 이번 달에 주제로 삼기 원하는세상에서 우리를 창조자로 만들어 주는 우리의 과업이나 활동에서 생각을 깊이 하고 상상력을 발휘하는 것이다.

창의력의 정의와 나의 결심

창의력: 둔함

상상력을 통해 새로운 것을 생각하여 현실로 나타내는 능력

Creativity vs. Dullness: The ability to bring into existence, to produce new ideas through imagination

나의 결심

- 생각을 깊이 하고 상상력을 발휘하겠다.
- 모든 사물을 긍정의 안목으로 바라보겠다.
- 남이 생각하지 못하고 지나친 자원을 활용하겠다.
- 내가 배울 수 있는 모든 것을 배우겠다.
- 다른 사람의 창의력에 감탄하며 격려해 주겠다.

실수하지 않으려면 아무런 생각이나 행동을 하지 않으면 된다. 창의력은 전통적인 옛날 방식을 초월하여 새로운 아이디어로 무엇을 만드는 능력이다. 영어 creativity는 라틴어 creo에서 유래된 말로 '만들어 낸다'는 뜻이다.

보조 덕목

- 경이로움wonder: '놀라울 만큼 신기하고 진기함'이다. 경험에 비추어 아주 신비하거나 새로운 것에 감탄하거나 놀라움을 나타내는 것이다.
- 자원력resourcefulness: '인간의 생활과 경제 생산에 이용되는 물적 자료 및 노동력, 기술 등을 통틀어 이르는 원천을 공급하는 역량'이다. 어떤 상황을 해결하기 위해 실용적으로 방법과 수단을 궁리하는 능력이다. 개인적, 지역 사회적, 전 세계적으로 자원을 창의성 있게 사용하는 능력이야말로 이 가치 의 핵심이다.

창의력에 관한 토론과 질문

- 창의력이란 무엇인가?
- 훌륭한 상상력을 지닌 사람에 대해 설명하라.
- 당신이 생각하는 삶의 신비는 무엇인가? 왜 흥미로운가?
- 어떤 문제를 해결하는 데 오직 한 가지 방법만 있는가?
- 창조성의 예를 들어보라. 모든 사람이 창조적인가? 그 이유는?
- 우리는 왜 다른 사람들의 창조성에 영감을 받는가?
- 당신이 호기심을 갖는 것은 무엇이고, 당신이 많이 생각하는 것은 무엇인 가?
- 당신이 숭배하는 창의적인 사람은 누구인가? 왜 그들이 좋은 모델이 되는 가?
- 당신은 경이감을 어떻게 정의하는가?
- 자원력이 있으면 문제를 해결하는 데 어떤 도움이 되는가?

황금률

- 발견의 참다운 여행은 새 대륙을 찾는 것이 아니라 새로운 눈으로 보는 것

이다.

프루스트(Proust)

- 경배의 기본은 경이로움이다.

칼라일(Carlyle, Thomas)

- 행복은 성취의 기쁨과 창의적 노력을 감격하는 데 있다.

프랭클린 루즈벨트(Franklin Roosevelt)

- 경이롭고 놀라운 일에 기뻐하지 않는 자는 죽은 사람과 같다.

아인슈타인(Albert Einstein)

- 경이로움은 철학자의 애정이고 철학의 시작에는 이만한 것이 없다.

소크라테스(Socrates)

위인 이야기

월트 디즈니 Walt Disney; 1901-1966

미국의 시카고에서 출생하여 캔사스 시와 중서부 농촌에서 자란 디즈니는 통신 교육으로 예술의 기초를 배웠고 열일곱 살 때 고등학교를 중퇴했다. 삽화가로서 만화영화와 광고만화를 그리다가 1923년에 형이 있는 할리우드로 이주하여 형을 도와 만화를 그렸다. 미키마우스와 도널드 덕이라는 만화 캐릭터를 창작하는 등 디즈니는 창의적인 음악, 음향, 민속 이야기를 활용하여 세계적으로 성공했다. 1938년에는 첫 만화영화인 "스노 화이트"를 제작하고, 1957년에는 환상 가득한 테마 공원인 "디즈니랜드"를 개장했다.

토머스 에디슨 Edison, Thomas Alva Edison; 1847-1931

미국 오하이오 주 밀란에서 태어난 에디슨은 모든 발명가 중에서 가장 창의적이고 가장 많은 발명품을 선보였다. 어머니는 학교 교사였는데 아들에게 책 읽기를 즐기도록 영감을 주는 데 심혈을 기울였다. 에디슨은 열두 살 때 신문배달원으로 일을 시작했다. 여가가 있을 때는 화물기차에서 실험을 위한 연구실을 만들고 인쇄기를 구입하여 기차에서 인쇄된 최초의 신문을 발행했다. 열여섯 살 때 전신기사가 되는 등 직업을 다양하게 바꾸기도 했다.

그는 독립적으로 열심히 노력하여 끈질기게 전신기를 개선할 방법을 찾았다. 그의 성공적인 초기 발명품은 메시지 네 개를 동시에 받는 4중 통신 방법이었다. 그는 후원을 받아 아이디어를 확대하여 곧 탄소전화송신기와 축음기를 발명했다. 그의 백열등은 서른두 살인 1879년에 처음 발표했다. 그는 생애를 마감할 때까지 1,300가지 미국 특허를 획득했다. 그의 창의적인 발명품은 세계 모든 사람의 삶을 향상시켰다.

창의력 실행하기

- 창의적인 일을 매주 하라.
- 삶의 경이로움에 대해 매일 생각하는 시간을 가지고 친구와 토론하라.
- 어떤 문제를 해결할 수 없으면 다른 방법을 찾아라.
- 창의적인 방법을 생각해 보고 실천하라.
- 당신이 경이롭게 여기는 것에 대해 어른들과 나누고 질문을 많이 하라.
- 부모님과 함께 지역 사회에 공헌하는 방법을 찾아라. 해변가 청소, 낙서 등
- 매달 창의적인 일을 정기적으로 실행하라. 그림, 페인트, 시 등
- 당신의 상상력을 넓혀 주는 책을 읽어라.
- 당신이 직면한 어려운 상황이나 과제를 다른 관점에서 보아라.
- 지역에 자원력을 주는 봉사에 참여하라.

지역 봉사 아이디어

- 양로원이나 병원에 있는 사람들을 위해 식탁 매트나 쟁반을 만들어라.
- 난치병에 걸린 아이들을 위해 생일 카드나 엽서를 만들어라.
- 병원에 있는 아이들의 이야기를 들려주어라.

- 노인건강센터의 벽을 장식할 수 있는 즐거운 포스터를 만들어라.
- 어린이집에 있는 아이들에게 단막극을 공연하라.
- 학급 친구들과 지역에서 특별한 봉사를 할 수 있는 새롭고 창의적인 방법을 생각해 보라.

창의력에 관한 글 읽기

[숙제] 아래의 글을 읽고 다음과 같은 단계별 질문에 따라 1페이지 이내로 요약하라.

제목　＿＿＿＿＿＿＿＿＿＿＿＿＿＿＿＿＿＿＿＿＿＿＿＿

저자　＿＿＿＿＿＿＿＿＿＿＿＿＿＿＿＿＿＿＿＿＿＿＿＿

1. 저자가 이 글을 쓴 목적

2. 줄거리

3. 글을 읽기 전과 후에 생각이 달라진 점은 무엇인가?

4. 글을 읽은 후 나의 결심

_____

_____

_____

■ 창의력의 덕목을 세우는 간단한 이야기를 골라 소리 내어 읽거나
다른 사람에게 읽어 주어라.

에디슨의 힘겨운 노력 It's plain hard work that does it[33]

토머스 앨버 에디슨1847-1931의 생애는 아메리칸 드림을
상징한다. 호기심이 매우 강한 아이였던 에디슨은 입학한
지 3개월 만에 자퇴한다. 그 후 어머니는 집에서 공부를 가
르치고, 그는 지하실에 실험실을 만든다.

열두 살 때는 화학 약품과 장비 살 돈을 벌기 위해 그랜
드 트렁크 철로에서 샌드위치와 땅콩 파는 세일즈맨으로
일했는데 그 후 실험실을 수화물 기차로 옮기고 인쇄기를 구입한다. 이때부터 움
직이는 기차 안에서 발간된 최초의 신문이 등장했다. 하지만 화학 약품이 폭발해
서 수화물 칸에 불이 나자 에디슨은 기차에서 떠나야 했다.

1869년 에디슨은 돈이 한 푼도 없었지만 발명가로서 생계를 유지해 보겠다는
결심으로 뉴욕에 간다. 그리고 몇 개월 후 '전신 수신 인자기'를 개량하여 4만 달
러를 받았다. 이 성공을 계기로 그는 발명가의 긴 생애를 시작했다. 그는 몇 년에

---

33 찰스 에디슨(Charles Edison), 출처: William J. Bennett, 최홍규 옮김, 『미덕의 책 1』, *The
Book of Virtue*.

걸쳐 천여 가지나 되는 발명품에 특허를 내기 위해 쉬지 않고 일했다. 다음에 소개할 토머스 에디슨의 멋진 일화는 아들 찰스 에디슨이 쓴 것이며, 여기서 우리는 미국에서 가장 위대한 사람의 품성을 엿볼 수 있다.

• • • •

한 남자가 헝클어진 머리를 이마 한쪽으로 올려붙이고, 날카로운 푸른 눈을 반짝이며, 주름진 옷에 얼룩과 화학 약품이 탄 자국이 묻은 채로 뉴저지 메로 파크의 실험실을 이리저리 걷고 있었다. 자신이 살아온 생애보다 더 짧은 시간에 전 세계에 혁명을 가져다준 발명품들을 고안해 낸 바로 그 토머스 앨버 에디슨으로는 보이지 않았다.

한번은 그를 방문한 고관이 메달과 상을 많이 받았느냐고 묻자 "오, 그래요! 엄마가 집에 쿼트 카드 네 장을 가지고 계십니다."라고 대답했다. 여기서 말하는 "엄마"는 그의 아내, 즉 우리 어머니였다. 하지만 그는 매일매일 아들에게 자신이 거인이라는 것을 보여 주었다. 평생 동안 1,093가지 특허 기록을 세움으로써 인류에 공헌한 위대한 사람이었다. 하지만 내가 그를 기억하는 것은 이런 것 때문이 아니다. 대적할 자가 없는 그의 용기, 상상력, 결단력, 겸손 그리고 위트 때문이다. 때로는 짓궂은 사람이기도 했다.

과중한 실험 스케줄 때문에 가정생활은 제한될 수밖에 없었지만, 그는 항상 가족과 함께 낚시나 자동차 여행 등을 떠났고, 우리가 어렸을 때는 함께 주사위 놀이를 하거나 바닥에서 장난치며 뛰놀기도 했다. 내가 뚜렷이 기억하는 일은 이제는 국가기념물이 된 뉴저지 웨스트 오렌지의 3층짜리 박공널 마루머리나 합각머리에 △자 꼴로 붙인 두꺼운 널 집과 글렌몬트에서 보낸 독립기념일이다. 독립기념일은 그가 가장 좋아하는 국경일이었다. 새벽에 가장 먼저 일어나 물통에 폭죽을 던져 우리 가족과 이웃들을 깨우는 것으로 하루를 시작할 때도 있었다. 그날 우리는 하루 종일 갖가지 불꽃놀이를 하며 즐겼다.

"엄마가 싫어할 거야." 그는 짓궂게 말했다. "하지만 스무 개를 모아 놓고 어떻게 되는지 보기로 하자."

그는 항상 우리가 실험과 탐구를 할 수 있게 격려해 주었다. 우리가 이리저리 수선할 수 있는 시계나 부속품을 주면서 장난치기도 하고, 우리가 무엇인가를 시도하도록 갖가지 질문을 하기도 했다. 내가 여섯 살 때는 실험실에서 비커를 씻게 했고, 열 살 때는 실물 크기로 자동차 만드는 일을 도와주었다. 몸체를 다 만들지는 못했지만 두 바퀴가 회전하는 선박용 기관과 벨트 드라이브를 만들 수 있었다. 물론 움직이기도 했다. 우리 형제들은 매우 재미있어 했다.

집에서나 일할 때나 그는 사람들에게 동기를 부여하는 재주가 있었다. 종종 명령을 내리기도 했지만, 스스로 모범을 보임으로써 남들도 따르게 만드는 것을 더 좋아했다. 아버지가 성공한 비결은 바로 이것이었다. 그는 실험실에서 외롭게 일하는 과학자가 아니었기 때문이다. 그는 첫 번째 발명품인 전신 수신 인자기와 인쇄기를 4만 달러에 팔자 화학자와 수학자, 기계 기술자 그리고 복잡한 문제를 풀 수 있도록 도움을 줄 만한 사람들을 고용하기 시작했다. 그는 '팀'이라는 연구 개념으로 과학과 산업을 결합시켰고, 그것이 지금 표준이 되고 있다.

되풀이되는 경제 위기 때면 가끔 연구원들에게 급료를 지불할 수가 없었다. 하지만 그들은 이렇게 말했다.

"상관없습니다. 우리는 항상 변함없이 일하기 위해 여기에 왔습니다. 우린 떠나지 않을 겁니다."

아버지는 보통 하루에 18시간 이상 일에 매달렸는데 우리에게 이렇게 말하곤 했다.

"무엇인가를 성취하는 일만이 인생에서 참된 만족을 가져다준다."

그가 아주 잠깐의 고양이잠 외에 하루 네 시간 이상은 잠들지 않았다는 사실은 결코 과장이 아니었다. "잠이란 마약과도 같아서 한꺼번에 많이 취하면 사람을 중독자로 만든다. 그렇게 되면 시간과 생명력 그리고 기회까지도 잃어버린다."라고 주장했다.

압지의 성공은 널리 알려져 있다. 그가 서른 살에 발명한 축음기에서 레코드에 소리를 포착했고, 벽열전등은 세상을 밝혔다. 또한 그는 마이크, 등사기, 의료용 형광 투시경, 니켈-철-알칼리 축전지 그리고 영화를 발명했다. 그 외에 전화기, 전보기, 타자기 등 유용한 것을 여러 가지 발명했다. 그는 전체적인 전기 배급 체계에 착안했던 것이다.

가끔 "에디슨도 실패한 적이 있는가?"라고 질문하는데, 그 대답은 "있다."였다. 아버지는 많이 실패했다. 거의 무일푼이던 시절, 첫 번째 특허품인 '전기투표 기록기'를 발명했지만 교활한 국회의원은 구입을 거절했다. 한번은 저급한 철강석을 위해 전자기 분리를 할 수 있는 기계를 발명하는 데 전 재산을 걸었다. 하지만 메사비 산맥의 풍부한 철광 때문에 비경제적인 구식이 되었을 뿐이다. 하지만 그는 실패의 두려움 때문에 주저하는 일이 없었다. 한 실험 과정에서 낙담하고 있는 동료 과학자에게 들려준 말은 인생의 교훈으로 삼을 만하다.

"우린 실패한 게 아니잖소. 이제 우리는 실패하는 방법을 천 가지 알았으니 그만큼 성공에 가까워진 셈이오."

그는 돈이 많을 때나 적을 때나 돈에 관한 태도도 한결 같았다. 돈이란 가공되지 않은 물질일 뿐이며, 축적하기보다는 사용해야 한다고 생각했기에 새로운 프로젝트에 끊임없이 돈을 쏟아부었다. 물론 파산 지경에 이른 것도 여러 번이었다. 하지만 그는 돈이 자신을 지배하도록 놔두지 않았다.

아버지가 철광석 제재소에 있을 때였다. 암반분쇄기의 작동이 마음에 들지 않는지 기계 기술자에게 지시했다.

"좀 더 고속으로 작동해 보세요."

"그렇게 할 수 없어요. 기계가 터져 버릴 것입니다."

기술자의 대답에 이번에는 감독관에게 물었다.

"저 기계를 만드는 데 얼마나 들었지, 에드?"

"2만 5,000달러요."

"그만한 돈이 아직 은행에 남아 있겠지? 좋아, 속도를 한 단계 더 올리도록 해요."

기술자가 전원을 올렸다. 그리고 한 번 더 올렸다.

"기계가 쿵쾅거리기 시작하는데요. 이러다 머리가 날아가겠어요."

"젠장!"

아버지가 소리쳤다.

"그냥 놔두라고!"

쿵쾅거리는 소리가 더 커지자 그들은 뒤로 물러서기 시작했다. 갑자기 폭발음이 들려오고 파편이 사방으로 날아갔다. 분쇄기는 부서지고 말았다.

감독관이 그에게 물었다.

"이번엔 뭘 얻었나요?"

"글쎄…."

그가 웃으면서 대답했다.

"기계는 기술자가 말한 것보다 40퍼센트의 전원을 더 견딜 수 있다는 것을 알았지. 마지막 전원 증가를 빼고 말이야. 이제 우리는 그것과 똑같은 것을 만들어 생산력을 높일 수 있는 거지."

특히 기억에 남는 것은 1914년 12월 어느 추운 밤의 일이다. 그가 10년이 넘도록 몰두해 온 니켈-철-알칼리 축전지가 아무 성과가 없어 경제적으로 무척 어려운 터라 영화와 레코드 생산에서 얻은 이익만으로 실험실을 운영할 때였다. 그런데 그날 밤, "불이야!" 하는 소리가 공장에 울려 퍼졌다. 동시에 필름실에서 소란이 일어나기 시작했다. 몇 분 안에 레코드와 필름 등 가연성 물질이 전부 날아가 버린 것이다. 여덟 개 마을에서 소방차가 달려왔지만 불길이 너무 센 데다 수압이 낮았기 때문에 소방관의 호스도 아무 소용이 없었다. 그런데 아버지가 보이지 않아서 걱정되었다.

'아버지는 괜찮을까? 재산을 모두 날려 버렸으니 아버지의 의지도 꺾여 버릴

까? 이제 예순일곱이니 무엇인가를 새로 시작하기는 어려울 거야.'

그때 공장 뜰을 가로질러 내게로 달려오는 그가 보였다.

"엄마는 어디 있니?"

그가 소리쳤다.

"어서 엄마에게 가렴. 가서 엄마 친구들을 데려오라고 전해라. 이런 큰 화재를 혼자 보기에는 아까우니까 말이다."

다음 날 오전 5시 30분경, 가까스로 불길이 잡히자 아버지는 고용인을 한데 모아 놓고 약속했다.

"우린 공장을 다시 세울 것입니다."

그리고 한 사람에게 근처에 있는 기계 상점에서 시설물을 임대해 오라고 지시했다. 또 한 사람에게는 이어리 절도 회사에 가서 건물을 철거할 수 있는 크레인을 빌려 오라고 했다. 그러고는 이제야 생각났다는 듯이 덧붙였다.

"오, 그건 그렇고 누구 돈 빌릴 곳을 아는 사람 있소? 재난을 당해도 이득을 얻을 수 있는 거요. 우리는 이제 막 쓰레기 더미를 처리한 것뿐이오. 이 폐허에다 더 크고 더 좋은 공장을 세웁시다."

그러고는 코트를 입더니 테이블 위에서 웅크린 채 잠들었다.

연이은 발명품의 성공은 아버지가 마술의 힘을 지닌 것처럼 보이게 하여 "멘로 파크의 마법사"라고 불리기도 했다. 그는 기뻐하기도 하고 화를 내기도 했다.

"마법사라고? 흠, 나는 열심히 일하는 거라고." 혹은 "천재는 1퍼센트의 영감과 99퍼센트의 노력으로 이루어진다."라고 즐겨 말했다. 그는 조수아 레이놀즈 경의 문구를 실험실과 공장에 걸어두었다.

"'생각'을 피하기 위해 인간이 의존하지 않을 방편은 없다."

아버지는 가치관이나 모자의 크기를 바꾸는 일은 절대 없었다. 보스턴에서 처음으로 백열등을 사용한 극장 개관식에서 전원이 나가자 그는 당장 넥타이와 턱시도를 벗어던지고 문제를 해결하기 위해 지하실로 향했다. 파리에서는 '레종 도뇌르 훈장'을 받자마자 정장 깃에 달린 작은 장미꽃 장식을 떼어버렸다. '젠 체하는 사람'으로 보이고 싶지 않았던 것이다.

아버지는 첫 번째 아내와 사별한 뒤 나의 어머니인 미나 밀러와 결혼하여 완벽한 내조를 받았다. 미나는 안정되고 우아하며 모든 일을 스스로 하는 사람이었기에 그의 바쁜 일정에 잘 적응해 나갔다. 두 사람의 결혼은 주변 사람들의 마음을 따뜻하게 해 주었다. 그가 쓴 유일한 일기1885년 에디슨이 미나 밀러와 결혼하기 전 9일 동안의 일기다는 그가 미나에게 흠뻑 빠져들었다는 것을 보여 준다. 일기에서 "미나를 생각하다가 하마터면 전차에 치일 뻔했다."라고 고백하기도 했다.

아버지는 모르스식 전신 부호로 어머니에게 청혼했는데, 두 분이 교제하는 동안 어머니도 그것을 배우셨다. 그리고 나머지 생애 동안 아버지가 집에서 책상에 앉아 계실 때면 어머니도 그 옆 의자에 앉아서 매우 활발히 도시 계획을 연구하셨다.

아버지는 제도 교육을 받지 못한 사람으로 회자되기도 한다. 실제로 제도 교육은 6개월밖에 못 받았지만 할머니의 교육으로 여덟아홉 살 때 『로마제국의 흥망』 같은 고전을 읽을 정도였다. 그랜드 트렁크 철도에서 신문 배달원과 음식 판매원으로 일할 때는 낮 시간을 디트로이트 자유도서관에서 보내며 책을 많이 읽었다. 집에서는 여섯 가지 정도의 신문과 잡지를 구독했다.

사실 아버지는 어린 시절부터 귀가 거의 먼 상태였다. 아주 큰 소리만 들을 수 있었지만 그는 전혀 개의치 않았다. 한번은 이렇게 말했다.

"난 열두 살 이후로 한번도 새소리를 들어본 적이 없다. 하지만 소리가 잘 들리지 않는다는 사실이 내게는 장애라기보다 이득이 되어 왔다."

귀가 안 들렸기에 책을 읽었고, 집중력이 높아졌으며, 사소한 이야기 따위는 듣지 않을 수 있었다. 사람들이 잘 들리는 장치는 왜 발명하지 않느냐고 물으면 그는 항상 간단하게 대답했다.

"당신은 하루 24시간 동안 좋든 싫든 얼마나 많은 소리를 들어야만 했습니까?"

그리고 덧붙여 말했다.

"소리 지를 수 있는 사람은 거짓말을 할 줄 모릅니다."

아버지는 음악을 즐기기도 했다. 편곡이 멜로디를 강조하는 경우에는 연필 한쪽 끝을 입에 문 채 다른 한쪽 끝을 축음기 캐비닛에 대고 들었다. 음의 진동과 리듬이 정확하게 울리기 때문이었다. 축음기는 그가 가장 좋아하는 발명품이었다.

귀가 좋지 않은 탓에 소리를 지르거나 글로 써서 대화해야 했지만, 기자들은 명쾌하게 날카롭게 이야기하는 그와 인터뷰하는 것을 매우 좋아했다. 한번은 젊은이들에게 어떤 조언을 주겠느냐는 질문에 이렇게 대답했다.

"젊은이들은 조언을 들으려 하지 않아요."

아버지는 행복이나 만족 따위를 추구할 가치가 있는 것으로 여기지 않았다.

"완벽하게 만족하는 사람이 있으면 내게 데려와 봐요. 내가 당신에게 그런 사람은 없다는 것을 보여 주겠소."

그리고 "기술의 진보에서 과잉 생산이 가능한가?"라는 질문을 받았을 때는 이렇게 대답했다.

"모든 인간이 원하는 것을 과잉생산한다는 것은 있을 수 없습니다. 그들이 원하는 것은 무한합니다. 그들의 위장 크기를 제외하고 말입니다."

아버지는 많은 찬사를 받았는데 두 가지 일을 특히 기뻐했다. 하나는 백열등 발명 50주년인 1929년 10월 21일의 일이다. 그때 헨리 포드는 뉴저지 멘로 파크에 있는 그의 실험실을 미시건의 더본 시에 옮긴 후 영원한 전당이 되도록 했다. 포드가 회의와 좌절에 빠져 첫 번째 자동차 개발에서 등을 돌리려 했을 때 에디슨에게 받은 격려에 대한 감사의 표시였다. 미소 짓는 것을 보고 그가 크게 감동했다는 것을 알았다. 또 하나는 '미국 국회에서 특별히 증정하는 금메달'을 받은 일이었다.

아버지는 결코 은퇴하지 않았다. 늙는 것을 꺼리지도 않았다. 여든 살 때 전혀 새로운 분야인 식물학을 공부하기 시작했다. 그의 목표는 고무의 순수한 원료를 찾아내는 것이었다. 그는 1만 7천여 가지의 다양한 식물에서 라텍스를 추출하는 방법을 고안해 냈다. 여든세 살 때는 뉴워크 공항이 동부에서 가장 붐비는 곳이라는 얘기를 듣고 아내와 함께 진짜 공항은 어떻게 돌아가는지 보러 갔다. 최초로 헬리콥터를 보고는 "내가 생각한 그대로 움직이는군." 하며 미소를 지었다. 그리고 거의 알려지지 않은 헬리콥터의 진보된 모습을 스케치하기 시작했다.

여든네 살이 되자 요독증에 걸리면서 몸이 약해지기 시작했다. 많은 기자들이 찾아와서 밤을 지새웠다. 매 시간의 뉴스가 그들에게 달려 있었다. "불은 아직도 타오르고 있습니다." 그러나 1931년 10월 18일 오전 3시 24분, 마침내 "불이 꺼졌습니다."라는 보도가 나갔다.

장례식날 그에 대한 마지막 인사로 1분 동안 전국에서 전깃불을 끄기로 되어 있었다. 하지만 비싼 비용을 치러야 하는 데다 위험하다고 판단되어 몇 개의 불빛만 희미하게 밝혀 두었다. 단 한 순간이라도 진보의 바퀴를 멈출 수는 없었던 것이다. 분명히 토머스 에디슨도 이를 바랐을 것이다.

■ 창의력의 덕목을 세우는 간단한 이야기를 소리 내어 읽거나 다른 사람에게 읽어 주어라.

배를 만드는 로빈슨 크루소 Robinson Crusoe Builds a Boat [34]

1719년에 발표한 대니얼 디포의 "로빈슨 크루소의 생애와 그의 신기하고 놀라운 모험"은 지금도 영국 문학을 대표하는 작품으로 인정받고 있다. 베네수엘라 해안 근처의 무인도에서 28년을 지낸 로빈슨 크루소가 배를 만드는 에피소드는

---

[34] 대니얼 디포(Daniel Defoe), 출처: William J. Bennett, 최홍규 옮김, 《미덕의 책 1》, *The Book of Virtue.*

일을 시작하기 전에 구성하고 계획해야 한다는 것을 가르쳐 준다.

* * *

가능하건 가능하지 않건 카누나 그 지역 원주민들처럼 아무런 연장 없이 큰 나무의 몸통으로 만드는 페리아구아라도 내 손으로 만들기로 했다. 가능할 뿐만 아니라 쉬운 일이라고 생각했으며, 배를 만들면 흑인이나 인디언보다 더 많은 편리함을 얻을 거라는 기대감에 매우 기뻤다. 그러나 내가 직면할 세세한 어려움은 고려하지 않은 터였다. 완성한 배를 바다로 가져갈 일손이 부족하다는 것은 인디언들이 연장이 없어서 감수해야 하는 어려움보다도 넘기 어려운 난관이었다. 내가 숲에서 아름드리나무를 고를 수 있고, 힘들겠지만 그 나무를 베어내어 배 모양으로 다듬고 속을 파서 배를 만들었다고 하자. 이 모든 일을 해 냈는데도 바다에 띄울 수 없어서 만든 자리에 그대로 놔 둬야 한다면 내게 무슨 소용이겠는가?

이 배를 만들면서 내가 처한 상황을 염두에 두지 않은 것은 있을 수 있는 일이라고 말하는 사람도 있을 것이다. 하지만 나는 배를 어떻게 바다로 가져갈지 곧 생각했어야 한다. 그 배를 타고 여행할 생각에 사로잡혀 있었기 때문에 바다로 가져가는 일은 고려하지 않았던 것이다. 사실 내게는 그 배를 바다에 띄우기 위해 40마일을 육지로 가는 것보다 45마일을 바다로 항해하는 것이 더 쉬운 일이었다.

배를 출항시킬 때 생길 어려움이 머릿속에 떠오르지 않은 것은 아니었다. 하지만 스스로 바보 같은 대답을 함으로써 그 질문을 무시해 버리고 말았다. '우선 배를 만들고 보자. 다 만들고 나면 바다까지 가져갈 방법을 찾아낼 수 있을 거야. 틀림없어.'라고 말이다. 정말 어처구니없는 생각이었지만 난 그저 상상에 빠진 채 그 열정으로 일을 시작했다.

먼저 삼목나무 한 그루를 베었다. 솔로몬이 예루살렘에 성전을 지을 때도 이런 나무를 썼을까 궁금해하기도 했다. 그 나무는 그루터기 윗부분의 직경이 5피트 10인치, 22피트 올라간 지점의 직경이 4피트 11인치였으며, 그곳에서 조금 좁

아지다가 두 개의 가지로 나뉘고 있었다. 그 나무를 쓰러뜨리기 위해 정말 무한한 노동이 필요했다. 나는 20일 동안 나무 밑동을 마구 자르고 찔러댔다. 그리고 말로 표현할 수 없을 정도의 힘을 들여서 거대하게 뻗은 가지들을 도끼로 잘랐다. 이 일이 끝나고 나서 배의 외형을 만들고 물 위에서 제대로 나가도록 바닥을 파내는 데는 한 달이 걸렸다. 내부를 정리하고 말끔하게 마무리하는 데는 3개월이 더 걸렸다. 나는 불도 없이 단지 나무망치와 끌과 노동의 힘으로 이 모든 것을 해 냈고, 마침내 26명의 남자를 태우기에 충분한, 즉 나와 내 짐들을 싣기에 충분한 아주 멋진 페리아구아를 만들 수 있었다.

이 모든 일을 끝내자 기쁨이 밀려왔다. 사실 그 배는 전에 보았던 나무 카누나 페리아구아보다 훨씬 컸다. 확실히 힘겹게 노를 저어야 할 것 같았다. 이제 배를 물에 띄우는 일만 남아 있었다. 내가 배를 물에 띄울 수만 있었다면 가장 미치광이 같고 가장 있을 법하지 않은 여행을 시작했을 것이다.

배를 물에 띄우고자 하는 모든 노력은 실패로 돌아갔다. 내게는 너무나도 힘든 노동이지만 말이다. 그 배는 바다에서 100야드 되는 곳에 누워서 더 이상 나아가지 못했다.

첫 번째 어려움은 강으로 나가는 길에 오르막이 있다는 것이었다. 나는 실망하지 않고 땅을 파내서 내리막길을 만들기로 마음먹었다. 너무나도 큰 고통이 뒤따랐지만 해방을 눈앞에 둔 사람이 어찌 고통을 불평하겠는가? 하지만 그 어려움이 지나간 후에는 더 큰 난관이 남아 있었다. 내가 다른 배를 움직이지 못하는 것과 마찬가지로 카누 또한 움직일 수 없었던 것이다.

다음 방법으로 육지의 거리를 재기 시작했다. 카누를 바다로 가져갈 수 없으니 수로를 파서 물을 카누가 있는 곳으로 끌어올 생각이었다. 나는 본격적으로 일하기 전에 얼마나 깊게, 그리고 얼마나 넓게 파야 하고 얼마나 많은 흙을 퍼올려야 하는지 계산했다. 나 말고는 다른 일손이 없기 때문에 10년에서 12년은 걸려야 끝마칠 수 있었다. 해안은 높은 지대에 있었고, 결과적으로 깊이가 20피트는 되었으므로 그 계획을 포기할 수밖에 없었다.

　나는 정말로 슬펐다. 그리고 너무 늦긴 했지만, 우리가 치러야 할 대가를 헤아려 보기도 전에, 그 일을 행할 수 있는 우리 자신의 힘을 옳게 판단해 보기도 전에 일을 시작하는 것이 얼마나 어리석은가를 처절하게 깨달았다.

부록: 실행을 위한 품성 정의 요약과 보충 자료

– 어릴 때 칭찬을 많이 받으면 지능과 기억력이 좋아진다. –

품성 칭찬 실행 3단계와 품성 칭찬 방식

품성 칭찬 실행 3단계

[준비]

칭찬할 사람의 품성을 눈여거본다.

[실행]

1. 품성의 정의를 설명하라.
2. 품성을 어떻게 보였는지 구체적인 사례를 들어 설명하라.
3. 품성이 당신이나 타인에게 준 혜택을 설명하라.

[마무리]

겸손한 마음으로 타인에게 공로를 돌린다.

ⓒ 2015 한국품성계발원 CDI-Korea
미국품성교육연합회 CCI 회원
한국 (0707) 528-9965
미국 (874) 382-0044

품성 칭찬 방식

1. 얼굴을 마주하고 직접 칭찬한다.
2. 문자, 이메일, 카톡으로 칭찬한다.
3. 제삼자를 통해 칭찬한다.
4. 엽서를 보내 칭찬한다.
5. 품성 카드를 사용한다.

(사단법인) 한국품성교육협회
Korea Association for Character Education
미국 일리노이 주 정부 등록 비영리법인
한국 법원에 사단법인으로 등록
인성교육범국민실천연합 회원

품성의 정의와 나의 결심

감사: 자기중심
타인이 나에게 준 혜택에 감동하여 말과 행동으로 사례하는 것
Gratefulness vs. Self-centeredness: Rewarding by words and actions for the benefits received from others that touched me

나의 결심

- 타인이 준 혜택을 민감하게 인식하겠다.
- 내가 받은 혜택에 즉시 기쁘게 감사하겠다.
- 상대방의 좋은 품성을 칭찬으로 감사하겠다.
- 어떤 환경 중에도 긍정적으로 감사할 일을 찾겠다.
- 나의 책임을 다하고 받은 혜택에 감사 노트를 쓰겠다.

겸손: 교만
잘난 체하지 않고 남을 높이고 자신을 낮추는 품위를 지니는 것
Humility vs. Pride: Having no arrogance, being humble and modest of yourself, honoring others

나의 결심

- 칭찬을 받으면 상대방이나 권위자에게 그 공로를 돌리겠다.
- 내 자랑을 하지 않고 남의 실패를 기뻐하지 않겠다.
- 내 잘못은 솔직히 인정하고 용서를 구하며 책임지겠다.
- 타인의 수고를 나의 공로로 내세우지 않겠다.
- 나의 성공은 부모님, 선생님 등 다른 사람의 공로임을 인정하겠다.

경청: 산만함

상대방이나 그의 일을 존중하여 나의 온 마음과 뜻과 힘을 다해 듣는 것

Attentiveness vs. Distraction: Listening respectfully to a person or his task with all my mind, will and strength

나의 결심

- 말하는 사람을 밝은 표정으로 바라보며 듣겠다.
- 잘 이해할 수 없으면 나중에 질문하겠다.
- 눈, 귀, 입, 손, 다리를 산만하게 움직이지 않고 바른 자세로 앉거나 서겠다.
- 상대방의 말을 중간에 막고 내 말을 하지 않겠다.
- 상대방이 말할 때 집중하는 예의를 보이겠다.

믿음: 가정

내가 믿는 신이나 사람이 증명할 수 없는 것을 신뢰하고 충성하는 것

Faith vs. Assumption: Belief in and loyalty to God, person, or something which cannot be proven

나의 결심

- 내가 믿는 신이 나의 최고 권위자임을 확신한다.
- 내가 믿는 종교는 인격도야에 이르는 큰 약속임을 확신한다.
- 나의 가족과 권위자들을 신뢰하고 겸손하게 섬기겠다.
- 품성이 성공과 행복의 열쇠임을 믿고 최선을 다하겠다.
- 품성의 모범을 보인 사람들을 칭찬하고 따르겠다.

사랑: 이기심

다른 사람의 유익을 위해 친절하게 관심을 갖는 것

Love vs. Selfishness: kindly concern for the good of another

나의 결심

- 사랑은 모든 품성을 완성하는 최고의 덕목임을 인식하겠다.
- 사랑받기보다는 내가 먼저 다른 사람을 사랑하겠다.
- 어려운 이웃을 정성을 다해 후한 마음으로 돕겠다.
- 성내지 아니하고 시기하지 않으며 참고 견디는 모범을 보이겠다.
- 악을 멀리하고 무례하지 않으며 의와 진리의 생활을 하겠다.

순종: 옹고집

나를 책임진 사람들의 지시와 소원을 즉시 기쁜 태도로 완수하는 것

Obedience vs. Stubbornness: Quickly and cheerfully carrying out the direction and the wishes of those who are responsible for me

나의 결심

- 부모님과 권위자의 말에 즉시 따르겠다.
- 불평 대신에 유쾌한 태도를 보이겠다.
- 지시받은 일은 전부 끝맺겠다.
- 다른 사람을 가르치기 전에 내가 먼저 모범을 보이겠다.
- 지시받지 않은 '여분의 일'까지 하겠다.

용기: 두려움

위험이나 어려운 중에도 담대한 마음과 의지로 확고히 행동하는 것

Courage vs. Fear: Acting with firmness of mind and will in danger or difficulty

나의 결심

- 정의나 진실을 위해 두려움 없이 말하겠다.
- 양심에 거리낌 없이 옳은 일을 바르게 하겠다.
- 최종 결정을 하기 전에 열린 태도로 남의 의견을 듣겠다.
- 나의 옳은 결정에 대해 책임을 다하겠다.
- 외부의 압력에도 불굴의 신념으로 변하지 않겠다.

인내: 성급함
어려움을 극복하기 위해 불평 없이 차분히 잘 견디는 것
Patience vs. Impatience: Being able to overcome difficulties calmly and without complaints

나의 결심

- 당장의 만족과 결과를 기대하지 않겠다.
- 반대나 장애가 있어도 성취할 때까지 포기하지 않겠다.
- 성취는 인내와 끈기의 열매임을 믿고 최선을 다하겠다.
- 역경을 당하면 더 좋은 것을 기대하고 기뻐하겠다.
- 내 마음에 들지 않아도 불평하는 대신 겸손히 기다리겠다.

자애심: 무정함
타인의 고통을 동정하는 마음으로 덜어 주려고 하는 것
Compassion vs. Indifference: The desire with sympathy to ease others' suffering

나의 결심

- 타인을 위해 하던 일을 멈추는 배려를 하겠다.
- 내가 받은 호의를 기억하고 어려운 처지의 사람을 돕겠다.
- 도움이 필요한 사람에게 나의 자원을 후하게 나누겠다.
- 상대방의 입장에서 듣고 이해하려고 최선을 다하겠다.
- 인종, 성별, 종교, 나이, 나라를 초월하여 남을 섬기겠다.

정직: 속임

진실을 말하며 마음이 바르고 솔직한 행위로 신뢰를 얻는 것

Honesty vs. Deception: Telling the truth; straightforward conduct to earn trust

나의 결심

- 선한 양심으로 진실한 말과 행동을 하겠다.
- 남을 핑계로 부정행위를 하여 나 자신을 속이지 않겠다.
- 거짓말하지 않고 속이지 않으며 훔치지 않겠다.
- 정직이 최선이라는 신조로 내 잘못을 밝히고 보상하겠다.
- 비열한 방법으로 말과 행동과 태도를 과장하지 않겠다.

존중: 무시

나 자신을 포함하여 모든 사람을 존귀하게 대하는 것

Respect vs. Disrespect: Treating everyone including myself with dignity

나의 결심

- 개인의 존엄성, 재산과 권리를 가치 있게 여기겠다.
- 권위자와 연장자의 충고를 잘 수용하겠다.

- 내가 대접받고자 하는 대로 남을 대접하겠다.
- 생명체가 있는 동식물이나 자연 환경을 보호하겠다.
- 나 자신이 존중받기 위해 품위를 지키겠다.

지혜: 어리석음

깊이 깨닫고 건전한 분별력으로 지식을 활용하는 능력

Wisdom vs. Folly: deep understanding; the ability to apply knowledge with sound discernment

나의 결심

- 부모님과 어른들의 통찰력에 귀를 기울이겠다.
- 실수를 통해 배우며 같은 실수를 반복하지 않겠다.
- 나 스스로 지혜롭다고 자랑하지 않겠다.
- 모든 일에는 따르는 결과가 있으므로 신중히 행동하겠다.
- 옳고 그릇된 것의 차이를 분별하겠다.

창의력: 둔함

상상력을 통해 새로운 것을 생각하여 현실로 나타내는 능력

Creativity vs. Dullness: The ability to bring into existence, to produce new ideas through imagination

나의 결심

- 생각을 깊이하고 상상력을 발휘하겠다.
- 모든 사물을 긍정의 안목으로 바라보겠다.
- 남이 생각하지 못하고 지나친 자원을 활용하겠다.

- 내가 배울 수 있는 모든 것을 배우겠다.
- 다른 사람의 창의력에 감탄하며 격려해 주겠다.

책임: 믿을 수 없음
나의 의무를 다하고 나의 행동을 감당하는 것

Responsibility vs. Unreliability: Taking care of my duties and answering for my behavior

나의 결심
- 내가 말한 약속을 지키고 처신을 잘하겠다.
- 남의 탓이나 변명을 하지 않겠다.
- 나의 일과 의무를 완수하여 신뢰를 얻겠다.
- 나의 잘못을 바로잡아 관계를 회복하겠다.
- 나의 권리를 주장하기 전에 의무를 다하겠다.

헌신: 불충실
사람 또는 가치 있는 목표나 개념을 위해 몸과 마음을 굳게 맹세하는 것

Commitment vs. Unfaithfulness: A pledge to a person, worthy goal, or concept with all your strength and your hearts

나의 결심
- 어려운 시기에도 가족과 권위자에게 정중히 하겠다.
- 어려움에 처한 사람을 사랑과 친절로 격려하겠다.
- 나의 권위자들이 없는 데서 그들을 조롱하거나 비판하지 않겠다.
- 나를 믿는 사람들의 비밀을 지켜서 신뢰를 배반하지 않겠다.

• 직장, 단체, 나라의 법과 질서를 지켜서 충성하겠다.

품성 칭찬을 위한 기타 덕목

1. 경각심alertness: 방심carelessness

   예기치 못한 상황에 빠르게 대처하도록 경계하고 조심하는 것

2. 결단력determination: 소심함faintness

   옳은 일을 적합한 때에 이루기 위해 바르게 판단을 내리는 것

3. 경의심deference: 무례함rudness

   나의 주장을 삼가고 상대방을 존중하여 정중히 표현하는 것

4. 공정성fairness: 편견prejudice

   한쪽으로 치우침 없이 공평하고 올바른 태도를 보이는 것

5. 관용tolerance: 편협narrow-mindedness

   개인의 가치와 권리를 인정하여 상대방을 너그럽게 받아들이는 것

6. 근면diligence: 태만neglegence

   나의 임무를 완수하기 위해 부지런히 일하며 힘쓰는 것

7. 끈기perseverance: 절망despair

   어떤 방해에도 쉽게 단념하지 않고 잘 견디며 버티는 것

8. 기쁨joyfulness: 침울depression

　불쾌한 상황에서도 만족하며 즐거운 태도를 보이는 것

9. 만족contentment: 탐욕greed

　어떤 사람이나 사물 또는 일에 모자람 없이 흡족한 것

10. 민감성sensitivity: 냉담callosity

　다른 사람들의 태도와 감정을 빠르게 느껴서 아는 것

11. 믿음직함reliability: 모순inconsistency

　타인의 신뢰를 얻기 위해 말과 행동에 책임을 다하는 것

12. 분별력discernment: 근시안적myopia

　어떤 사실의 옳고 그름을 지혜와 총명으로 가려내는 것

13. 설득력persuasiveness: 언쟁quarrelsome

　상대방이 중요한 진리를 따르도록 깨우쳐 주는 것

14. 성실성sincerity: 기만deception

　타인에게 인정받도록 정성과 진심으로 옳은 일을 하는 것

15. 솔선수범initiative: 나태함idleness

　행할 필요가 있는 것을 인식하여 남보다 먼저 모범을 보이는 것

16. 시간 엄수punctuality: 지체tardiness

일이나 약속을 제시간에 지켜 상대방에게 예의를 다하는 것

17. 신중함prudent: 경솔함indiscretion

　말, 행동, 태도를 조심하여 나쁜 결과를 피하는 것

18. 온화mildness: 엄함strictness

　상대방을 사려 깊게 배려하여 조용히 부드럽게 말하는 것

19. 온유meekness: 화냄anger

　따뜻하고 부드러운 마음으로 나의 권리와 기대를 양보하는 것

20. 용단decisiveness: 우유부단vacillation

　주요한 요소를 인식하고 어려운 결단을 용기 있게 내리는 것

21. 열심enthusiasm: 무감정spiritlessness

　나의 온 마음과 열정을 다해 기쁜 태도로 일하는 것

22. 융통성flexibility: 저항심resistance

　상대방의 올바른 제안에 따라 계획이나 생각을 바꾸는 것

23. 절약frugality: 과소비lavishness

　나 자신을 위해 돈, 물건, 자원을 낭비하지 않고 아끼는 것

24. 절제self-restraint: 방종self-indulgence

　일을 옳게 하려고 감정이나 욕망을 스스로 억제하는 것

25. 정돈orderliness: 혼란disarray

　더 큰 능률을 얻기 위해 자신과 주변을 정리하고 바로잡는 것

26. 철저함thoroughness: 불완전defectiveness

　나의 일과 행동을 빈틈없이 투철하게 하는 것

27. 청렴integrity: 불순함impurity

　신념과 양심을 지켜 마음에 흠이 없이 깨끗이 하는 것

28. 충성loyalty: 불성실insincerity

　힘든 시기에도 나의 윗사람에게 몸과 정성을 다하는 것

29. 환대hospitality: 푸대접unkindness

　내가 보상을 바라지 않고 음식, 숙소 등 타인의 필요를 채워 주는 것

30. 후함generosity: 인색함miserliness

　마음이 넓고 관대하여 나의 자원을 타인에게 아낌없이 베푸는 것

6대 품성 측정

이름 _____

이 학생은 6대 품성 규범을 얼마나 잘 나타내는가?

1=드물다 2=가끔 한다 3=대체로 잘한다 4=거의 항상 한다 5=항상 잘한다

(최고 점수 140점 중 _____ 점)

신뢰성trustworthiness

1. 대가를 치르더라도 진실을 말한다.   1 2 3 4 5

2. 거짓을 말하거나 속이지 않고 성실하다.   1 2 3 4 5

3. 솔직하고 숨김없이 다른 사람이 필요로 하는 정보를 나눈다.   1 2 3 4 5

4. 다른 사람의 재산을 존중하여 훔치지 않는다.   1 2 3 4 5

존중심respect

1. 자신이 대접받고자 하는 것처럼 다른 사람을 대접한다.   1 2 3 4 5

2. 다른 사람의 사생활을 존중한다.   1 2 3 4 5

3. 다른 사람이 스스로 결정하도록 자율권을 존중한다.   1 2 3 4 5

4. 남에게 소리를 지르거나 무례하지 않는다.   1 2 3 4 5

5. 인종, 민족, 종교 차이와 신체장애인을 수용하고 아량을 보인다. 1 2 3 4 5

책임감responsibility

1. 자신의 의무를 완수한다.   1 2 3 4 5

2. 자신의 행동에 책임을 다한다.   1 2 3 4 5

3. 모든 일에 최선을 다하고 최상을 추구한다.   1 2 3 4 5

4. 분노, 욕구와 흥분을 잘 절제한다.   1 2 3 4 5

5. 어렵거나 불쾌한 경우에도 마땅히 해야 할 일을 하는 자제력을 보인다.

　　　　　　　　　　　　　　　　　　　　　　　　　　1　2　3　4　5

공정성fairness

1. 다른 사람에게 열린 자세로 듣는다.　　　　　　　　1　2　3　4　5

2. 다른 사람을 공평하고 공정하게 대한다.　　　　　　1　2　3　4　5

3. 다른 사람에게 영향을 미치는 행동이 한결같다.　　1　2　3　4　5

4. 다른 사람에게 영향을 미치는 일은 신중하고 면밀하게 결정한다.

　　　　　　　　　　　　　　　　　　　　　　　　　　1　2　3　4　5

5. 다른 사람에게 영향을 미치는 일은 공정하게 열린 자세로 결정한다.

　　　　　　　　　　　　　　　　　　　　　　　　　　1　2　3　4　5

배려심caring

1. 친절하고 사려가 깊다.　　　　　　　　　　　　　　1　2　3　4　5

2. 친구와 다른 학생의 입장감정이입에 선다.　　　　　1　2　3　4　5

3. 선생님과 교직원의 입장에 선다.　　　　　　　　　　1　2　3　4　5

4. 시간과 돈으로 자선하는 데 후하다.　　　　　　　　1　2　3　4　5

시민성citizenship

1. 단체의 규칙과 규정을 양심적으로 잘 지킨다.　　　1　2　3　4　5

2. 속이거나 손쉬운 방법을 취하지 않고 규칙을 따른다.　　1　2　3　4　5

3. 권위자를 존중한다.　　　　　　　　　　　　　　　　1　2　3　4　5

4. 시민의 의무교통법, 공중도덕 등을 잘 지킨다.　　　1　2　3　4　5

5. 지역 사회와 학교에서 자원봉사를 한다.　　　　　　1　2　3　4　5

출처: Character Counts!

벤자민 프랭클린의 매일 목표

사람들이 자신의 품성을 평가한 다음, 그들의 장점 위에 품성을 세우고 더 발전시킬 계획을 세우도록 격려하자. 매일의 목표를 정하고 평가하는 것이 효과적인 방법이다. 벤자민 프랭클린은 어린이를 포함하여 누구나 배울 수 있는 '덕행의 예술'이 있다고 믿었다. 프랭클린의 자기 계발을 위한 12가지 덕행은 다음과 같다.

- **절제**: 우둔하게 먹지 말며, 취하도록 마시지 마라.
- **침묵**: 다른 사람과 자신에게 해로운 말을 하지 마라.
- **질서**: 자기 물건을 제자리에 두어라.
- **결심**: 자기가 해야 할 일을 실천하게 결단하라.
- **검약**: 아무것도 낭비하지 마라.
- **성실**: 남에게 상처를 주는 속임수를 쓰지 마라.
- **정의**: 무엇이든 잘못된 일은 하지 마라.
- **중용**: 극단적인 것을 피하라.
- **청결**: 몸, 의복, 습관의 불결함을 적당히 넘기지 마라.
- **평온**: 하찮은 일에 신경 쓰지 마라.
- **순결**: 건강과 자손을 위해서만 성생활을 하라.
- **겸손**: 예수와 소크라테스를 모방하라.

벤자민 프랭클린은 노트 한 장에 한 가지 덕행을 적었다.

1998년 전국우수품성학교로 선정된 프랭클린품성학교는 초등학생을 대상으로 매일 목표 설정과 품성 평가를 하게 한다. 따라서 모든 학생이 품성일기를 쓴다. 하루가 끝날 때 이 노트를 꺼내 그 주간의 품성에 관련된 네 가지 질문에 대한 답을 적는 것이다. 그 주간의 품성이 겸손이라면 다음과 같이 질문한다.

금주의 품성 겸손	년 월 일 요일

1. 나는 누구에게 품성을 보였는가? 예) 김○○ 선생님

2. 품성을 보인 구체적인 사례를 적어라.

 예) 김 선생님께서 내가 이번 기말시험에서 좋은 성적을 받았다고 칭찬해 주실 때, 모두 선생님의 지도 덕분이고 부모님이 뒷바라지를 잘해 주신 덕분이며 나는 최선을 다했을 뿐이라고 말했다.

3. 상대방의 반응은?

예) 김 선생님께서는 나의 겸손한 태도를 보시고 참으로 흐뭇해하시면서 나 같은 학생이 있어 교사로서 보람이 있고 우리 학교의 자랑이라고 격려해 주셨다.

4. 나의 느낌과 혜택은?

예) 선생님의 칭찬을 들으니 기쁨이 넘쳤고 앞으로 더 열심히 공부하고 모든 일에 모범을 보여 선생님과 부모님이 실망하지 않게 최선을 다해야겠다는 다짐을 했다.

아이들에게 '품성 목표 카드'를 가르치라.

'목표 카드'는 아이들이 일정 기간 안에 성취하기 원하는 구체적인 목표를 세우도록 돕는다.

 − 다음과 같이 목표 카드를 만들 수 있다.

 − 한 가지 목표를 적을 수 있도록 12x15cm 크기로 종이를 자른 후 3등분하여 첫째 칸에는 '나의 결심'을 크게 적는다. 중간 칸에는 '구체적으로 실행할 내용'을 적는다. 마지막 칸에는 '실행한 결과'를 적는다. 나의 결심+행할 일+실행한 결과 =목표의 실천인 것이다. 다음의 예를 들 수 있다. "나는 45분 안에 방을 청소하겠다." "나는 숙제를 매일 밤 자기 전에 하겠다." "나는 솔선해서 집안일을 돕겠다." "나는 만나는 사람마다 친절히 인사하겠다."

모범을 보이기 위한 교사의 자기 점검

1. 나는 학생의 이름을 부를 때 눈을 마주치며 인사하는가? [경청]

2. 나는 교실에 제시간에 도착하는가? [시간 엄수]

3. 나는 교실에서 가르칠 준비가 잘되었는가? [철저함]

4. 나는 즉시 수업으로 돌아가는가? [성실함]

5. 나는 학생들을 편견 없이 공평하게 대하는가? [공정성]

6. 나는 스트레스를 받은 경우에도 정중한 말투를 유지하는가? [온유]

7. 나는 화날 때 참는 모범을 보이는가? [인내]

8. 나는 교직원실이나 다른 곳에서 학생에 대해 부정적인 말을 삼가는가? [신중함]

9. 나는 동료 교사에 대해 부정적인 말을 삼가는가? [경의심]

10. 나는 학생들이 최선을 다하도록 도전하는 높은 기대치를 세우는가? [책임]

유혹을 이기는 9가지 윤리 테스트

1. **황금률** 상대방의 입장에서 **테스트**

   – 사람들이 나에게 이와 같은 일을 하기를 원하는가?

2. 공정성 테스트

   – 나의 말이나 행동에 영향을 받는 모든 사람에게 공평한가?

   – 누가 영향을 받으며 어떤 영향을 받는가?

3. 모든 사람이 이 테스트를 하면 어떻게 되는가?

   – 모든 사람이 이것을 한다면 내가 좋아할까?

   – 나는 그런 세상에 살기를 원하는가?

4. 진실 테스트

   – 이 행동은 모든 진실, 오직 진실만을 나타내는가?

5. 부모 테스트

   – 내가 이렇게 한 것을 부모님이 발견했을 때 어떤 느낌이 들까?

– 내가 이런 일을 해도 되는지 묻는다면 부모님은 어떤 충고를 할까?

6. 종교 테스트

– 이것은 나의 종교적 신념에 위반되는 일인가?

7. 양심 테스트

– 이것은 나의 양심에 꺼리는 일인가? 죄의식을 느끼게 될까?

8. 결과 테스트

– 이것은 관계에 해를 주거나, 자존감의 상실 같은 나쁜 결과를 현재 또는 미래에 가져올 것인가? 이 일을 하고 난 뒤에 후회할 것인가?

9. 신문 앞면 테스트

– 나의 행동이 지역 신문 1면에 보도된다면 어떤 느낌일까?

우리가 도덕적 결정을 해야 할 때마다 이상의 아홉 가지 테스트를 모두 적용하지는 못할 것이다. 그러나 즉흥적으로 생각 없이 속단하지 않고 이 중에서 몇 가지라도 적용한다면 훨씬 좋은 판단을 내릴 것이다. 예를 들어 한 가지 이상의 질문 결과에 대해 한 가지만이라도 사용한다면, 자신에게나 다른 사람에게 해를 가져오는 행위를 삼갈 수 있다.

대부분의 사람들이 잘못을 행할 때 자신의 행위가 그 사람의 가정, 학교, 이웃에게 어떤 결과를 가져올지 생각해 본 적이 없다고 말한다.

강사 프로필과 교육 실적

현직

- 한국품성계발원CDI-Korea 대표
- 사단법인 한국품성교육협회 회장
- 국제품성훈련원 강사자격증
- 뉴욕주립대학교 품성교육원 연수2007년
- Character Counts! 강자 자격 과정2007년, CC!미국품성연합회 회원
- 인성교육범국민연합 회원/대의원

경력

- 미국 노던뱁티스트Northern Baptist신학교 객원교수 역임
- 서울기독대학원 품성 계발 초빙교수 역임
- 횃불트리니티대학원대학교 객원교수 역임

한국과 미국에서 '품성 계발' 도입, 세미나 실시2만 5,000여 명 참가

- 한국기독교리더십연구원, 서부 캐나다 2세 대학생 연합 컨퍼런스, 한국기독교 TV 세미나 방영, CBS-TV 포커스 인물 출연, 서울극동방송 주최 세미나, 강원도 예수원 품성 교육, 동산고교 교사 품성 교육, 당진 꿈의 학원 교사 교육, 횃불트리니티 대학원 정규 과정 및 CEO 과정, CBMC 기독실업인회 지도자 훈련, 한동대학교 상담자 훈련, 총신대학교 사회교육원 교사 교육, 합동총회교육국 주최 심포지엄 강사, 김제 아가피아리더스쿨 교사 교육, 세종초등학교 학부모 교육, 천지유아교육원 교사 교육, 일산 GLCS 국제학교 교사 및 학부모 교육, 라이즈업코리아 지도자, 예장대전노회 교사 수련회, 소망교도소 재소자 품성 교육, 양정여중고 교사 세미나, 강서교육지

원청 유아교사 품성 교육, 안산시립지역아동센터 교사 교육, 울산 엘림병원 직원 교
육 • 경북 영천시 공무원 220명 22시간 교육 • 전북도청 공무원 330명 품성 교육 실
시 외 다수.

학력

- 일리노이주립대학교 다문화민족역사 Ph.D. 과정 수료
- 시카고신학대학원 종교사회학 Ph.D. 과정 수료, 목회학 박사
- 개렛신학대학원 목회학 석사 M.Div.
- 일리노이주립대학교 지역사회개발학 석사 M.A.
- 일리노이주립대학교 사회과학연구소 주최 '종교와 다문화 민족' 학회에서 논문 발표1993
- 노스팍대학교 스웨덴 이민 150주년 기념 「소수 민족과 인간관계」 논문 발표1996

저서

- Melvin Holli 교수와 공저 "Chicago' Upward-bound Koreans" in Chicago Enterprise'93
- Melvin Holli and Peter d'A. Jones 공저 미국 대학 교재 *Ethnic Chicago*1995년 4개정판
- 영문 Koreans of Chicago: The New Entrepreneurial Immigrants시카고 한인 이민사 수록
- 『품성 계발』 편저1995 • 『품성 계발 기초 세미나』 번역1996 • 『성공의 길』 번역 2003 • 『더 좋은 부모 되기 품성 계발』 편저1999 • 『비전과4전략』2000 • 『부부 회복 여행』2000 • 『품성 생활 퀵 가이드』2012

상훈

- 1986 시카고 시 연례 인간관계 봉사상을 아시아인 최초로 수상
- 1992-1993년판 Who's Who in Religion과 2000년판 Who's Who in the World에 등재
- 2007-국민일보 최우수 캠프 선정
- 2012-국민일보 기독교 교육 브랜드 대상
- 2012-Power Korea CEO News 최우수 교육 기관 선정
- Korea Tribune 글로벌 핵심 리더 대상

한국품성교육협회 소개

품성이 성공과 행복을 결정한다!

Character Determines Success and Happiness!

사명

"우리는 사람들이 성공하고 행복한 생활을 하도록 좋은 품성을 세운다."

지(좋은 생각), 정(좋은 표현), 의(좋은 결단)

미국의 인성 및 품성 분야 전문 연구 기관인 국제품성훈련원, 뉴욕대학교 품성교육연구원Center for the 4th and 5th Rs, 원장 리코나 교수과 Character Counts! 등지에서 10여 년간 전문강사 과정을 거친 다음 "품성이 성공과 행복을 결정한다!"라는 기치로 1996년 한국에 품성 계발 세미나를 처음 소개했다. 2000년에 한국품성계발원CDI-Korea과 산하에 한국품성교육협회를 설립하여 교육, 출판, 훈련으로 품성 계발 시대를 연 안주영 박사가 이끄는 새 사람, 새 마음, 새 생활 운동이다.

한국품성교육협회KACE, 한국품성계발원CDI-Korea, Naver 카페: KoreaACE

한국_ 수원 (광교신도시) 영통구 센트럴타운로 111, 스타힐스 517호 (0707) 528-9965

미국_ 23855 Long Grove Rd, Deer Park, IL 60010, USA (847) 382-0044